〈女〉としての天皇

大澤真幸

THINKING オー 017

左右社

まえがき　天皇とは何か

「天皇」は、日本人とは何者かを知るための鍵である。

日本社会の歴史を振り返ってみると、率直に言えば、その大半の期間において、天皇はたいして役に立っていないように見える。天皇がいてもいなくても同じではないかと思える期間の方が、天皇が積極的に活躍する期間よりもずっと長い。中世史・近世史において、天皇はとうてい歴史の主役とは言えない。とりわけ近世史においては、天皇がいたことを忘れそうになるくらい、その存在感は希薄だ。

こうした点は、現在でも同じである。戦後公布された現憲法には、日本国と日本国民統合の象徴としての天皇は、国政に関する権能を有さず、国事行為のみを行う、と定められている。国事行為は、主体性や創造性を発揮できる行為ではない。それは、国会や内閣が決めたことをそのまま承認したり、外国の大使や公使を当たり障りのない会話で接受したり、定められた手順に従って儀式を行ったり、書類にハンコを押したり、といった行為を指す。もしあなたが似たような仕事だけを会社でやらされていたら、自分は会社に必要なのか、と虚しさを感じるだろう。憲法が天皇に与えているのは、しかし、その種の仕事である。

　このように、天皇は、一見、実質的に有用なことはほとんど行ってこなかった……という印象を与える。にも拘わらず、日本人は、天皇制を棄てることはなかった。日本人は、ほかのもの、たとえば武家政権であれば、無用・有害と見るや、それを倒し、排除してきたのだが、天皇制についてはそうしたことはできなかった。これほど無用そうに見えるのに棄てられない……ということは逆に、日本人は、天皇をよほど必要としているということである。必ずしも常に熱狂的に支持したり崇拝したりしてきたわけではない（と思える）のに、日本人は、それへの執着をついに断つことはできなかったのだ。

しかし、日本人にとって、天皇は、どのような意味で必要なのか。なぜ天皇制を廃棄することができないのか。日本人自身にも実のところよくわかっていない。外部から日本社会を観察している者にとっても天皇制の存続はふしぎなことに見えるだろうが、当の日本人にとっても、いや日本人自身にとってはとりわけ、それは解かれていない謎である。

天皇は日本社会の歴史における最もはっきりとした常数である。しかし、その機能は、当事者である日本人自身にとっても不明なのだ。そうであるとすれば、日本人にとっては、天皇とは何か、どうして天皇が必要なのか、を理解することは、自らが何者であるかを真に明晰に知ることに直結するだろう。

今回の『THINKING「O」』はこのような問題意識で創られている。対談は、日本中世史の専門家としてずっと天皇や上皇について考えてこられた本郷和人さんにお相手になっていただいた。論考は、武家政権と天皇とが共存していたのかということを主たる問いとしながら、天皇（制）の本質に迫ろうと試みたものだ。

対談と論考は、前天皇から現天皇への代替わりにともなう行事とほぼ同時進行で、つまり平成三〇年（二〇一八年）から令和元年（二〇一九年）にかけて行われ、執筆された。刊行直前にコロナ禍が急に深刻になり、パンデミックの「哲学的な意味」を主題とする号を先に刊行したため、本号の刊行は一年近く遅れてしまった。

日本史の専門家の立場から、大澤との対話につきあい、率直に意見を述べてくださった本郷和人さんに心よりお礼申し上げたい。左右社の編集者としては、社長の小柳学さん、梅原志歩さん、守屋佳奈子さんの三人が、本号の企画と製作の全体に関わっている。

日本人の自己理解のための一助となることを願って、『THINKING「O」』の本号をこの世に送り出す。

大澤真幸

二〇二一年二月

対談

本郷和人＋大澤真幸

天皇と武士

なぜ権力が共存したのか

「一方が他方を完全に排除することがなかったという事実の中に、日本人の行動様式の無意識の前提のようなものが隠されていると思えます。」

本郷和人＝１９６０年生まれ。東京大学史料編纂所教授。専攻は中世政治史と古文書学。『戦国武将の明暗』『日本史のツボ』『東大教授がおしえるやばい日本史』など著書多数。大河ドラマ『平清盛』など、作品の時代考証にも携わっている。

大澤　今日は本郷さんと、「僕らにとって天皇制とは何か」についてお話ししたいと思います。

私たちは天皇制の中でずっと生きていながら、天皇制とは何なのかよくわかっていないのではないかと考えています。たとえば宇宙人の学者が日本にやって来て「あなた方は皇室や天皇を、自分たちの象徴として大切にしているけど、それは何なのか、何のためにあるのか」と訊かれたら、私たち日本人はそれを彼らに理解できるように説明できないのではないでしょうか。天皇制は、それを営んでいる者たち自身にもなんだかよくわからない、という感じがするのです。

私たちにとって天皇とは何なのか。この問いに迫るために本郷さんにお聞きしたいのは、とりわけ、武家（武士）と天皇の関係についてです。

小学生でも知っているように、明治より前には、武家の政権、つまり幕府によって日本は統治されていた。その幕府に並んで、同時に、天皇・朝廷があり、それもまたひとつの政治の中心、一種の王権のようなものに見えます。つまり二つの王権が並存しているように見えるわけです。

もし、ひとつの時代をとったとき、武家政権（幕府）か朝廷のいずれかひとつしかないのであれば、それほど驚きではありません。あるいは、幕府と朝廷の支配領域が別々であれば、それも驚くにはあたりません。そういうことであれば、文化人類学的に見て、よくある王権の一種と見ることができたでしょう。しかし、日本には長い間、幕府と朝廷の二つの権力体制が同時に存在しているように見える。それらの関係をどのように理解すればよいのか。かなりの程度独立しているようにも見えるし、密接に関係しているようにも見える。どちらが優位なのかもよくわからない。

もっとはっきり言ってしまいましょう。ある時期から日本の政治の実権は、武家政権に担われるようになった。武家政権、つまり幕府にとって、朝廷は、もはや必要ではないように見えます。いや、むしろ朝廷は、武家政権にとって邪魔なものにさえ見え、敵対的であったときさえあります。敵対的関係がピークに達したのは、承久の乱のときでしょう。そのとき、武家側は、朝廷側に圧勝します。しかし、それでも、武家側は、朝廷勢力を完全に排除したり、打倒したりすることはなく、結局、朝廷を温存したわけです。どうしてなのか。日本史上、武家の政権と天皇を中心におく朝廷とが長く共存し、一方が他方を完全に排除することがなかったという事実の中に、日本社会というものの不思議さ、日本人の行動様式の無意識の前提のようなものが隠されていると思えます。

天皇と武家が長く共存した。その謎を理解するためにも、まずは中世以前の天皇制のことから入りましょう。古代の初期の段階では、「天皇」という呼称はありません。のちに天皇になる支配者は「大王《おおきみ》」と呼ばれていた。その大王が「天皇」という名前を得る。そして、後に武家が現れて、やがて、今述べたように、武家政権との間に特異な関係を築きだす中世以降の天皇制が出現します。中世より前の天皇制と中世からの天皇制。この違いを伺いたいと思います。

軍隊をもたない天皇

大澤　そもそも、「天皇」という呼称が使われるようになったのはいつからでしょうか。天武天皇（七世紀）のあたりですか。

本郷　おおよそそうですね。

大澤　文字になった証拠などは残っていない過去のことも含めて、世界中のどこでも生じた歴史的な事実、文化人類学的な事実を念頭におきながら類推するならば、氏族や部族を単位とした武力闘争の勝者として、王が出現したのでしょう。その王が「大王」と呼ばれたのです。今述べたように、その名は、やがて、もう少し威厳のありそうなカッコいい呼称としての「天皇」に取って代わられる。いずれにせよ、原初の天皇、「天皇」という名をもつずっと前の大王は、もとをただせば、部族連合か氏族連合のようなものの中の有力者であり、本来は、ほかの首長よりも一枚上手で相対的に強いというだけで権力を得たのだと思います。たとえば六七二年におきた壬申の乱は大きな内乱ですが、天皇家の主導権争いでもあり、そうした闘争のなかで実力によって権力を得た人物が天皇になった。

　このように、もともと天皇として頂点に立つには、本来は、軍事的な強さが必要だったと思われます。そして、実際、初期の天皇は、兵を動員することができた。たとえば防人[*1]のような、です。

ところが、平安時代のごく初期のある時期から、天皇は軍隊をもたなくなりますね。衛府の舎人《とねり》[*2]とか、「滝口武士」[*3]とかはいますが、彼らはどう見ても警備員のようなものであって、軍人ではない。天皇は本来、軍事的成功によって支配者になったはずですが、いつの間にか軍隊なしでも君臨している。これはなぜ可能だったのでしょうか。

本郷　ひとつには、平安時代が安全だったということがあると思います。私は、平安時代は「風呂に入っておならをしているような時代」だと思っているのですよ。

たとえば平安京を見ると、天皇や貴族の外敵に対する危機感のなさがよくわかります。まず城壁がありません。これは外敵が侵略してくることを真面目に考えていないということじゃないですか。日本が白村江の戦いで大敗北を喫して、それで新羅や唐が、現実的に攻めて来るかもしれないと一時的に想定したけれども、実際には攻めてこなかった。それで手を抜いた。

世界史から見て、中央集権的国家の中枢を担うのは、官僚組織か軍隊だと言われています。しかし、この二つはお金がかかって、維持をするのも大変です。敵も攻めてこないし、金もかかるから軍隊も防備もやめてしまおう。それが平安時代の朝廷の姿ではないかと私は考えています。もしも、天皇が内乱や外敵の侵入を想定したならば、あの平安京のプランはありえないでしょう。

大澤　自前の軍隊や武力を有していないにもかかわらず、影響力や権力がある集団の典型は、ヨーロッパのカトリック教会です。普通は、軍隊もなく野ざらしにされている宗教勢力は、細々と活動するしかないはずなのに、カトリック教会はずば抜けた力をもち続けて今日に至っています。カトリック教会の頂点にいるローマ教皇は、直属の軍隊をもたないのに、ある意味で、ものすごい権力を——あるいは世界最大級の影響力を——もっています。

都市伝説の類で、事実ではない可能性が高いとは思いますが、第二次世界大戦中に、スターリンがチャーチルに「ローマ教皇は何個師団をもっているのか」と尋ねた、とされています。もちろん一個師団ももってはいないわけですが、この話がまことしやかに語られるのは、軍事力もないのに、権力・影響力が絶大であるということはたいへん奇妙に感じられるからです。

では、軍隊をもたないカトリック教会と教皇は、どうしていたのか。たとえば、神聖ローマ皇帝など世俗の権力との間に葛藤があったのに、どうして教会や教皇は潰されることがなかったのか。

カトリック教会は自前の軍隊はないけれども、他人の軍隊を動かすことができたのです。なぜなら教会と教皇には宗教的な権威や正統性があったからです。

＊1　北九州の防備にあたった兵士。六六三年の白村江の戦い以後制度化され、のちには東国出身者に限られるようになった。

＊2　令制で天皇、皇族などに近侍して警固、雑事にあたった下級官人。

＊3　平安・鎌倉時代、蔵人所に属し、詰め所にいて、宮中の警衛にあたった武士。

フランシス・フクヤマが『政治の起源』の中で、「法の支配」がヨーロッパで成立した事情を語る文脈で、このカトリック教会と（他人の）軍隊という問題について論じています。ローマ教皇が、たとえば神聖ローマ皇帝と戦争状態に入ったとき、ローマ教皇側について戦った世俗の王や諸侯がいた。この世俗の王や諸侯は、いろいろ利害・打算があるわけですが、しかし、究極的には、ローマ教皇側に正統性があると見ているわけです。このとき、彼らは、すでに「法の支配」の論理に従っています。では、その法の正統性は何に由来するかと考えれば、究極的には、超越的な唯一神こそがそれだと考えなくてはならないのでしょうが、ほんとうは、キリスト教の場合には、新約聖書に法が書いてあるわけではないので、事情は複雑です。が、今そちらのことを話していると脇道にそれてしまうので詳しくは話しません。

要は、ローマ教皇の場合には、直属の軍隊がなくても、宗教的な権威に裏打ちされた法の支配に基づいて、ヨーロッパの王権がもっていた軍隊を動かすことができた、というわけです。

天皇の正統性はどこから来るか

大澤　では日本はどうだったか。日本でも同様に、天皇はあるときから軍隊をもたなくなった。それでも軍事力を必要とするときにはどうするのか。たとえば、坂東で、平将門のような者が反乱を起こしたときにはどうするのか。その場合、天皇は、反乱者に敵対しうる武士的な者に宣旨を下して、彼らを反乱者に対抗させるわけです。
この場合、反乱者に対抗しているのは、普段から天皇に属している軍隊ではないのです。天皇の傭兵でもなければ、徴兵によって集めた者でもない。天皇は、自分のものではない軍事力を動かしている。ということは、ローマ教皇と同じです。
しかし、ローマ教皇の命令は、法と宗教によって裏打ちされています。だから従うわけです。天皇の命令はそうではありません。ならばどうして、天皇に命令された武士は、それに従ったのでしょうか。あるいは、武士の観点から、疑問をこう言い換えてもよいかもしれません。敵と戦うとき、武士はどうして、しばしば天皇からの命令を欲しがったのでしょうか。どうして、彼らは天皇の側に立って戦っている、という設定を欲しがったのでしょうか。

本郷　天皇の権力の正統性を探ることは、私の主要な研究課題のひとつです。私はその正統性の根拠に、法律をもってくることは間違っていると思っています。

大澤　まったく賛成です。本郷さんがそういう伝統的な解釈に対して厳しく批判されているのは、読んでいて痛快というか、納得します。そうするとどう考えればいいのでしょう。

本郷　天皇の正統性の根拠は、法的なものというよりも人々の間に明確に存在していたある種の階層性でしょう。階層性に対する意識が、天皇制を支えてきたと考えています。
たとえば平家とひとくちに言っても、まず貴族の平家があり、その次に武士の平家がいる。この武士の平家が清盛たちです。清盛たちの下に、さらに下々の平家がいるわけですよ。関東にいる千葉氏だとか、三浦氏だとか上総氏だとか、みんな、平家です。しかし、彼らは武家の棟梁にはなれない。棟梁になれるのはやっぱり清盛たち上位の武家だけです。この構図は、源氏にも同じことが言える。ですから、同じ一族の中でも階層性は明確に見えていたのです。

もちろん、貴族の平家とその下の武家の清盛たちは同じ一族ですが、彼らがどう違うか。たとえば清盛の奥さんの平時子。彼女は貴族、公家方の平家です。一方で清盛の父親の平忠盛。彼は各地の国司、今で言う県知事をずっと歴任し、上皇に献金をして権力に尽くし続けます。当時、三位以上と言えば一流の貴族、公家であり、セレブの職員録とも言うべき公卿補任にも名が載ります。一方で、三位にはなれない四位以下の貴族も存在します。武家の平家である平忠盛はどんなに頑張っても、正四位上、つまり四位の一番上にしかなれなかった。さらに、国司と呼ばれた県知事ですが、最上位は今の兵庫県知事、つまり播磨守でした。平忠盛は播磨守まで上り詰めるけれど、所詮は地方役人であって、中央政府の役職にはつけない。忠盛は三位にも中央政府にも行けずに死んでいきました。

息子の清盛も父と同じように、県知事としてどんどん出世して、さらに、保元の乱で大きな働きをします。そして播磨守につく。そこから清盛は、大宰大弐、要するに九州の長官にまでなる。もし平治の乱が起きなければ、朝廷は清盛を大宰大弐の地位で飼い殺しにするつもりだったでしょう。

しかし、平治の乱が起き、清盛がまたも大きな働きをしたので、仕方がないから貴族と同じように出世させることとなった。公家たちは清盛に正三位を与え、彼は中央政府へと進んでいきます。このとき、はじめて清盛は貴族の平家と並ぶ。それまでは同じ平家でありながら清盛は格下です。同じ一族の間でも極めて明確な階層性があったことは確かです。

大澤　三位以上が真の貴族（公卿）で偉いとか、地方任官と中央政府の役人の違いとか、そうした身分の基本的な観念が成立したのは、いつ頃と考えればいいでしょうか。

本郷　やはり平安朝の時代だと考えます。奈良時代以前に律令ができて、すぐに政府の官位システムが成立したわけではありません。大事な官職はすべて、いわゆる令外の官、律令以外でつくられますから、それによって出世コースが固まるのは平安中期だと思います。

公家と武家はどちらが偉い？

大澤　基本的には三位以上の公家が一番偉い。そうした感覚はわからなくはありません。たとえば武家の平家は——考えてみれば平家自体が本来は公家ですが、武家となった平家は、公家（貴族）になりたかったわけですよね。しかし、そうした願望の背景にある公家と武家の階層の上下関係についての感覚が、どこかあいまいで、私にはもうひとつしっくりいかないのです。

私の疑問がどこにあるのかをはっきりさせるために、中国と対比してみます。中国には、日本と同じような意味での貴族や公家のようなものは存在しません。単に血筋がよいなどということだけでは、身分の高さの保証にはならないからです。日本の貴族に近いものを探すとすれば、中国の場合には、高級官僚――士大夫[*4]のような科挙官僚――でしょう。彼らの身分の高さには、はっきりとした根拠があります。儒学の思想、とりわけその一部である「礼」の身分体系に基づいている。官僚の威信の源泉は、はっきり言えば、文字をめぐる能力です。科挙に合格することは、そうした能力があることの証明になっているわけです。

中国の場合、文人と軍人の間の上下関係ははっきりしています。軍人としての能力は、士大夫であることとは関係がない。文人の方が、軍人よりはっきりと偉いわけです。考えてみると、中国でも、いわゆる革命が起き、新しい王朝が始まるとき、つまり新しい王朝から皇帝が出現するとき、実際に重要なのは、軍事力です。軍事的に最も強かった人が皇帝の地位に就いているのです。

しかし、中国の新皇帝は、勝利を得るとすぐに、馬から降り、武器を捨ててみせる。そして、自分は、単なる武力によって皇帝になったのではなく、文人としての才覚のゆえに自分に天命が下っているかのように偽装するわけです。

さて、わが日本の方に目を転じてみます。日本の身分の感覚、階層性の感覚は、中国の儒学風の身分体系の影響を受けていると思います。影響は受けていますが、大幅に日本の実情にあわせてカスタマイズされていて、本質が失われるほどですが、しかし、とにかく一応は影響は受けています。たとえば、先ほど、平安朝の初期を過ぎると、天皇は直属の軍隊をもたなくなるということを話題にしてきましたが、それは、天皇の直接の臣下である公家層が、軍人として戦う気がまったくないからです。戦う者であることがダサいと思われているのです。戦わず、官僚的な地位をもらったり、文人的な生活を送る方が威信が高いのですね。

たとえば、先日、本郷さんとご一緒したＮＨＫの教育番組の主題だった、後鳥羽上皇。後鳥羽上皇は多才で万能型の人で、実は、武人としてもかなり有能ですが、しかし、文人的な才能、たとえば歌人としての才能の方を圧倒的に売りにしており、私たちも、その点で彼を文化史的に評価しているわけです。

というわけで、日本の武士と貴族の間の関係も、中国の軍人と官僚の関係に似ているところがあります。が、しかし、よく見ると、やはりずいぶん違うのです。武士は、確かに貴族に憧れているし、武家の平家のように、貴族のようになりたがった人もいます。しかし、中国の文人官僚と軍人のようにはっきりと明確に、文人的な貴族と軍人の間の階層性が一義的に定まっているかというと、そうでもない。

＊4　中国の階級のひとつ。周代諸侯に仕える卿、大夫、士の三階級のうち貴族である大夫と、支配階級として最下位の士との併称。

その「定まっていない」というあいまいさは、時代が下るほどより目立ってきます。簡単に言えば、日本の武士は、中国の軍人が士大夫的な官僚に対してもっていたほど明白に、自分を貴族に対して卑下していないと言いますか、少しカッコよく言えば、武士であることそれ自体にも誇りをもっているように見えます。先ほど、中国の皇帝は、ほんとうは有能な軍人だったはずなのに、権力を握ったとたんにそのことを隠そうとする、と話しました。軍人だったことを、ちょっと恥ずかしいことのように思っているわけです。しかし、日本の武士は、そんなことはありません。

平安時代あたりの話をしていたのに、一挙に時代が下りますが、江戸時代の武士を見ると、この点がよくわかります。彼らはほとんど役人であり、官僚です。しかし、むしろ役人や官僚であることを恥じていて、わざわざほとんど使わない武器（刀）を常にもち歩き、自分はほんとうは武士である、戦う者である、ということを誇示しています。中国の皇帝や官僚の態度とは正反対です。

このように見てくると、武家と公家との間にあった――それは延長すると幕府と朝廷との関係にもつながるわけですが――階層性の感覚というものが、よくわからなくなるわけです。武家は公家に負い目を感じ従属しているようにも見えますが、しかし、そこまでの負い目をもってもいないようにも見える。このあいまいさをどう理解したらよいのか、もうひとつピンとこないのです。

本郷　私も全然ピンとこないんです。武士の、自ら戦って実力主義で自分の権益を広げていくやり方は、それなりに理解できるけれど、貴族や公家が何もしていないのに偉そうにしている理由がおわかりにならないということでしょうか。

大澤　ほんとうは両者が相互依存しながら共存していること、それが不思議なのです。武士はどうして最終的には貴族や天皇に従うのか。公家の権力の源泉は何なのか。

「なんとなく」がつくる権力

本郷　貴族の権力のあいまいさは、先ほど大澤さんがおっしゃった、カトリック教会の話につながると思います。キリスト教のように、ある集団の影響力の根拠には学問や哲学といったものが機能していることがあって、それによって集団の正当性が力を増す。

そう考えると、和歌や漢文といった教養をもっている公家に対して、武士は言ってみればヤンキーで、頭が悪いわけです。ですから、教養をもっている貴族になんとなく位負けする。このことが、武士が天皇を排そうとする考えをもたないことにつながるのだと思います。

大澤　本郷さんのおっしゃるように貴族の漢詩や和歌をつくる能力が一種のカリスマの源泉になっていたとは考えられます。

関連して、ひとつ留意しなくてはいけないのは、本郷さんもご著書で強調されていますが、日本が中国から律令は取り入れたけれども、その根幹にあった科挙は取り入れなかったことです。中国の制度のいちばん重要な部分を取り入れなかったことになります。もし教養を公家の権力の源泉とするなら、日本は、むしろ科挙を取り入れるべきだったのではないでしょうか。

中国では、天命を受けている皇帝に政治を行う権利があり、その政治を補佐をするスタッフが官僚です。では官僚が皇帝の補佐をする権限がどこから来るのか。近代人の感覚からすると、科挙の試験は、テストをして行政についての知識を調べているように想像してしまいますが、実際には、科挙によって試されている能力は、行政についての実用的な知識とは異なるものです。そこで試されているのは、必ずしも実用性のない、古典についての知識や文字を自在に操って韻文などをつくる圧倒的な能力です。その文字の能力が、天というものに連なるカリスマ性の保証になっているのです。そこでは、ちょっとよい家柄だとかそんなことは問題にならない。家柄や血筋の良さは、個人の漢字の能力がある保証にならないからです。

さて日本ではどうかと言うと、文字や教養からくるカリスマ性は中国ほどには徹底していない。たとえば漢詩や和歌にしても、なんとなく上流階級の人間はできることになっていましたが、実際は大したことなかったりする。もしほんとうにできる人間を官僚に取り立てようと考えるならば、上流貴族だけではなく、中流貴族からも選ぶべきですが、中流貴族だと出世の道には限界がある。そもそも、貴族かどうかにこだわるべきではない。ですが日本では中国のように、四年に一度の漢詩テストがあるとか、和歌をつくってみせるとか、そうしたことはしませんでした。基準がない。

つまり日本の中世貴族のカリスマ性の源泉って、見たところ、「なんとなく」でしかないのです。そのあいまいさに貴族はもちろん、武家も従っていることが、とっても不思議なことだなと私は思います。

本郷　日本が科挙を取り入れなかったのは、日本人はまだそこまで頭が良くなかったので、科挙には耐えられないと貴族たちが考えたからだと思います。

当時の日本貴族の学問には、文章道、それから明経道、明法道、算道の四つがありました。この四つすべて、中国の科挙から借りてきた名前なのです。このことを踏まえると、日本人もほんとうは科挙をやりたかったんだなと考えられる。それと同時に、自分たちも科挙をやりたいけれど、まだそこまで知的水準が上がってないな、ともわかっていたんでしょうね。それで結局科挙はできなかった。

中国の場合は始皇帝より前の時代に、合従連衡、諸子百家、百家争鳴、といったさまざまな考え方が先鋭化されて出てきていました。中国では、戦で流れた血の分だけ学問も思想も先鋭化していったのです。日本では中国ほど戦はありませんでしたから、みんなで適当にやっていこうぜと言ったりする。それが日本のような多神教のいいところなのかもしれませんけれど。

大澤　中国については、一神教に含めないのが普通でしょうけれども、「天」というものを軸とした教えは、ヘーゲルも言っていますが、一神教的ではありますね。

ところで、一神教が、論理的に整合性が高いかと言えば、もちろん、必ずしもそうは言えません。一神教でも突き詰めれば、論理的におかしなところはあります。特にキリスト教は、神にして人である「キリスト」という、一神教の根幹を否定しかねない爆弾を抱えているので、教義の根幹に論理の矛盾を孕んでいるとも言えます。

ただ、キリスト教自体が自分で、その矛盾を自覚的に突き詰めてみせるところがすごい。外から矛盾を突かれる前に、自分自身が、その矛盾を最も先鋭に意識しています。そして、矛盾を、たとえば「三位一体」とか言って、アクロバティックに超えてみせ、論理的に一貫しているかのように振る舞う。こうした振る舞いの中から、彼らの神学や哲学になる。

一方で、日本人は論理に矛盾があってもあまり気にしませんよね。ほとんど不問に付していて、矛盾の存在を自分では自覚していない。

本郷　そう考えると、中国の天というのは一神教に近く、天の代理としての皇帝の権威もまた絶対です。しかし日本における天は絶対的な存在ではありません。日本の場合、天とかお天道さまが意識されるのは、せいぜい道徳においてですから。

大澤　暴力という意味での強者が権力を握ることはありますよね。しかし、その後の実際の政治的権力は、暴力だけでは成立しません。政治権力が持続できるためには、暴力、つまりフィジカルに強いこととは別に根拠が必要になります。

たとえば、先ほどのカトリック教会は宗教的なものや、それに裏打ちされた法に権力の根拠がありました。あるいは中国の場合は、秦の始皇帝が軍事力によって最初の帝国を打ち立てますが、それだけであった場合には、長くは続かなかった。だから、次の漢王朝は、儒学のイデオロギーを動員し、それとセットになった天の思想が支配の正統性を担保します。こうして、漢は、秦よりもずっと長持ちする。

　では日本の場合はどうなるか。朝廷や公家が、暴力・軍事力という観点では強くないことはわかっています。さらに、彼らの支配の正統性には中国の天や、キリスト教や、あるいは法のような根拠がないことも確かです。それなのに朝廷が君臨できている理由がわからない。

　朝廷との関係で武家を見れば、武家勢力は明らかに朝廷より軍事的には強いです。もし戦になれば、武家勢力は朝廷側に勝つでしょう。というか、承久の乱のように、実際に勝ちました。もし、フィジカルな意味での強さ以外に、支配を担保する根拠がないのであれば、武家の勢力が、朝廷を排除して、列島を支配してもいいはずです。ところがそうならず、少なくとも形式的には、武家政権は、いつまでも朝廷の下に甘んじている。

　武家側も公家側も、両者の間の力関係を自覚していて、場合によっては、武家政権は、朝廷や公家を小馬鹿にしているのではないか、と思えるときさえあります。それが露骨なのは、江戸時代の初期に制定された禁中並公家諸法度。[*5] 幕府側が明らかに、上から目線で、

＊5　江戸時代の朝廷や公家を統制するための法令。一六一五年、徳川家康が制定。主として天皇の行為が細かく直接に規定され、江戸時代を通じて朝廷対策の根本法となった。

天皇や公家が何をやるべきかを指示している。お前たちは、ただ勉強していればよい、と。ここまで蔑ろにしているように見えるのに、どういうわけか、武家政権は、朝廷を排除せず、それを残しているわけです。それはどう説明すればいいのでしょうか。

本郷　たとえば古代史学者の倉本一宏さんなどは、天照大神を中心として、それまでの多神教的な神様の世界を再編成したうえで、天照大神の子孫が天皇だとする論理には、大きな説得力があったのだとおっしゃいますが、私にはそう思えません。

武家が公家や天皇家を残してきた理由も、論理や神格性といった大それたものではなく、もっとあいまいで適当に「偉いから偉い」と言って残されてきただけではないのか。偉い人は昔から偉い。それで正当性は充分あると考える。

とすれば、日本人の突き抜けない、突き詰めない性格は一体どこからくるのか。そのことが私には重要な問題です。

大澤　しかし、その突き詰めなさ、あいまいさがはっきりと社会的な効果をもっているわけですよね。論理や根拠のあいまいな権力が、たとえば天皇によって征夷大将軍と任じられている者が、税を徴収できたり、他の領主の領地を設定できたりする。あいまいな存在が強い実効性をもつことこそ、天皇制の最大の不思議さです。

そしてその不思議さの論理を説明しろと言われると「天照大神が云々」などと言うほかなくなりますが、本郷さんが話されたように、実際はそんな神話を信じたり、魅了されたりして、天皇や朝廷が存続したわけではないと思いますね。もしなぜなのかと問われれば、天照大神とでも言うほかないわけですが、天照大神のことを意識して、人々は、公家だけではなく武家は、天皇を尊敬していたわけではないでしょう。しかし、説明しようとすると語り得ることの中で回答を与えようとしてしまうのです。

　私たちは天皇や皇室に言わば無意識の論理によって従っている。従っている理由を説明しようとしたときに実際とは違う論理をもってきてしまう。たとえば、中世の支配体系を説明するものとして権門体制論がある。権門体制論というのは、「権門」というさまざまな勢力、具体的には、王家（天皇家）、公家、寺家《じけ》、そして武家が、それぞれ異なる機能を担いながら――公家が行政、寺家が祭祀、武家が軍事、そして王家が諸権門の統括――相互に依存していた、という説ですが、これなどは、実際に起きていたことを後知恵的に記述しているだけで、どうして、このようなことが可能だったのかの説明にはなっていないように、私には思えます。

土地の支配者としての天皇

大澤　本郷さんは、十年以上前に書かれた『武士から王へ』や、『武士とはなにか』、最近書かれた『上皇の日本史』とかで、武家と公家の二重体制が存続した理由を考える文脈で「職《しき》の体系」に注目されていますね。今度は、そちらの方向から疑問を出させてください。

　まず読者のために、中世の職の体系から解説しておきます。職の体系とは、在地の有力者が自分の土地（荘園）を保全するために、土地への権利を、より上級の権力者に、何重にも献上することから生まれるシステムです。本郷さんの前で気恥ずかしいのですが、もう少していねいに説明しておきます。

律令制の建前からすると、土地と人はすべて天皇のものです（公地公民制）が、それに対する例外の規定（墾田永年私財法）の方が効いてきて、自分で開発した（とされる）耕地は自分の私有地になる。そこで、地方の有力者は、「国衙《こくが》（地方の役所、つまり今で言えば県庁）」の許可を得て、耕地を開発する。そういう有力者を「開発領主」と呼び、その子孫が「在地領主」です。

問題は、在地領主が自分の土地への権利を自分では守りきれない、ということです。周囲のほかの在地領主や国司（国衙の長）が、その権利を奪おうとする。そこで在地領主はどうするかというと、京都にいる有力者の力を借りるわけです。具体的には、貴族や寺社に頼る。彼らならば、他の在地領主や国司がちょっかいを出してくるのを、おしのけることができる。具体的には、国衙の役人が入ってこようとしたら、この土地は誰々という貴族、何々という寺社のものだと言えば、役人はその土地に手出しができなくなるわけです。

もちろん、京都の貴族や寺社は、ただで守ってくれるわけではないので、在地の領主は、その土地からの収穫の何割かを、彼らに送らなくてはならない（寄進しなくてはならない）。在地領主からすると、国司に税として納めるのと、京都の有力者に寄進するのとどっちが得か、ということになるわけですが、後者を選択したとき、土地は「荘園」ということになる。在地の領主は、この場合、形式的には、現地の管理者ということになる。このように現地で管理する荘官のことを「下司（げし、または、げす）」と呼ぶ。

しかし、実際には、貴族や寺社も荘園を守りきれないのです。そこで彼らは、さらに上級の権力者に、自分の土地の権利を献上し、荘園の保全を図る。つまり、荘園から寄進されたものの何割かを、その上級の権力者に与えるわけです。この上級の権力者というのは、誰か。国司の背後には天皇がいるわけですから、上級の権力者は、天皇に匹敵する実力者でなくてはならない。ということは、皇族や摂関家、あるいは大寺社ということになります。

したがって、結局、「本家（皇族・摂関家等の上級の権力者）→領家（貴族や寺社）→下司（在地領主）」という序列の中で、荘園は保持されている。本家／領家／下司のそれぞれの権限のことを「職《しき》」というので、この序列が「職の体系」です。在地領主が、京都にある大きな会社の系列会社になると言いますか、その大会社の子会社の子会社になる、というようなイメージでしょうか。本郷さんは確か、土地は暴れ馬のようなもので、なかなかそれをひとりで抑えることができない――つまり排他的な所有権を確立できない、そこで、在地領主から摂関家まで、よってたかってこの暴れ馬を抑え込もうとしている、と書かれていました。なるほどうまいこと言うな、と私は感心いたしました。

ところで、この領家というのは、国司と同格の貴族です。なので「領家→下司」の関係は、公領（公地）の側の「国司→在庁官人」（在庁官人は、現地にいる国衙の役人）とまったく同じ支配原理です。そこに目をつけて、網野善彦さんは、中世の土地制度を「荘園・公領制」と名付けたわけですね。このことは、高校の日本史の教科書にも書いてあるはずです。中世には、完全に排他的な土地所有というものはなかったということです。最も強いはずの皇族でさえ、自分だけの土地をもっていないわけですから。

少し余談めきますが、これとの関係で、本郷さんの本から教えられておもしろかったのは、天皇や上皇にも荘園が寄進され、彼らも荘園をもつ、という話です。天皇家は、公地公民の頂点なので、彼らが、私的な荘園の支配者として君臨するのはおかしい。そこで、六勝《りくしょう》寺《じ》などの有力な寺が、トンネル会社みたいな役割を果たす。つまり、名目上は、寺の財産なのですが、実質的には天皇家の私的な財産になる。公地公民制の守るべき者が、自ら、公地公民制を食い破る「私的な勢力」となっている、というのは笑ってしまいます。

中世においては、職の体系の中でしか土地支配はできなかった。武家政権――鎌倉幕府や室町幕府――でさえも、職の体系を超える原理を出すことはできなかったわけです。ひとりの武士が、上位の権力者の助けを借りずに自分だけで土地を支配する、ということ――つまり一職《いっしき》支配――がはじめて実現したのは、戦国大名の領地の中です。戦国大名の家臣は、与えられた土地を、自分だけで支配できたわけです。これは、戦国大名が、一国という限定された範囲で、その土地に密着した権力だったからでしょう。職の体系における本家や領家のように、実際の土地から離れた京都にいるわけではなく、戦国大名は、その土地にいて支配したわけですから。戦国大名の「一国」を、日本列島にまで拡張したのが、信長・秀吉であり、ここに中世から近世への転換点があります。

そうすると、鎌倉幕府も室町幕府も、家臣に土地を与えるときに、職の体系に便乗するしかなかったわけです。ということは、これら武家政権もまた、天皇や公家をどうしても必要とした、ということになります。荘園・公領の職の体系の頂点には、有力な公家や皇族や天皇が必要だったからです。……と、私が偉そうに語っていますが、これは本郷さんの本に書かれていることです。

とてもわかりやすく説得力があるのですが、それだけに、さらに疑問も鮮明になります。職の体系が要請されるのは、在地領主、つまり地方の実力者が、自分だけの力で土地を所有したり、支配したりすることができなかったからです。しかし、どうして、摂関家や皇族のような京都の「大会社」の系列に入れば、そこそこ土地を支配できたのでしょうか。「本家」や「領家」が実質的に何かをしてくれるけではありません。たとえば、荘園が、国司や他の在地領主から干渉されそうなときに、援軍を送ってくれる……などということはない。はっきり言えば、ただ名前を貸してくれるだけです。在地の実力者――彼ら自身ももとをただせば京都から下向した役人だった場合も多々あったでしょう――が、自らの暴力によって守ることができない土地が、領家や本家、とりわけ本家の名前があるだけで、なんとか保守されえた。どうしてなのか。こういうことが疑問として残りますが、いかがでしょうか。

本郷　ヨーロッパにはギリシャ哲学があり、中国も非常に論理性を重視します。しかし、日本は核となるような論理が存在しないのです。

先ほど大澤さんのおっしゃった職の体系にしても、複数人で所有権を抑えれば当然ややこしくなるはずです。それでも抑えられているならいいや、となってしまう。

大澤　もしも、武士がこの土地は俺のものだと、役人や貴族の権威をまったく借りないで主張しようとすれば、血が流れるでしょう。俺だけの土地だと主張する以上、そこに手を出そうとする他者は排除し、場合によっては殺さなければいけない。すると、これは、ホッブスの言うような自然状態、万人の万人に対する闘争の状態です。

それでは、ちょっと問い方を変えてみます。職の体系は、地方――たとえば関東――から遠く離れた京都に、権威がどのくらいあったかわかりませんがとにかく天皇や貴族がいることを前提にしたシステムです。もし京都に天皇や公家などというものがいなかったとしたらどうだったでしょうか。

一種の思考実験ですが、関東に、弓馬によって武装した開発領主や在地領主だけがいて、彼らが土地をめぐって争いあっているという状況が初期状態だとして、その場合には、関東に、天皇とは無関係な、武家だけの王権のようなものが成立し、一応は秩序だった土地の支配が成立しえたでしょうか。それとも、曲がりなりにも、安定した土地の支配が実現し、いわばホッブズ的な状況を脱するためには、どうしても、京都に天皇や公家がいなければならなかったのでしょうか。

本郷　その問題は北条氏が、後に承久の乱で勝利したのに将軍にならない。将軍にならないのは、意図的にならなかったのか、それとも何らかの理由でなれなかったのか。その問題と非常に近いですね。

大澤　そうですね。もし、北条氏が自ら将軍になれたのであれば、東国で完全に武家の独立王権ができただろうし、土地も抑えられたはずですね。実際、北条氏に率いられた関東の武士勢力は、承久の乱で示されるように、朝廷を軍事的に圧倒しているわけですから、別に、皇族や摂関家から「将軍」となる人を借りなくても自分が将軍になれそうに見えます。が、少なくとも実際の歴史はそうはなりませんでしたね。そのことに、どれだけの必然性があったのか。

本郷　たとえば、武家の大江広元が三位になろうとするんですよ。元は中原広元と言ったのですが、三位以上に中原姓がひとりもいないので改姓までする。大江姓の三位以上は大江匡房などがいましたから。それで大江広元と名乗っていつでも三位に上れるような状況を整えていたら、北条義時が「お前そんなことやってると誰かに殺されるよ」と忠告したそうです。つまり、実朝の例を忘れたのか、と言うのです。実朝のように出世し続けていた人間があるとき、身内に殺されてしまった。だから北条義時は、将軍にまで出世すると殺されると考えていたのではないでしょうか。だから、将軍にならなかった。

　日本では恨みを買ってでも頂点に立とうとする人が少ないです。一方中国の場合はたとえば、六朝時代に多くの人間が自分の名を残そうとします。偉人として名前が残らないなら悪名としてでも残したいと、必死になる。

大澤　歴史に名が残らないより、悪名でも残った方がましだと考えていたわけですね。本郷さんのご著書に、東晋の武将の桓温《かんおん》の言葉を引かれていましたね。桓温は、帝位が自分に譲られるように画策したのですが、失敗する。そのときに、仮に令名が残らなくても、臭名でも残らないよりはよい、と言うわけです。このエピソードから、歴史に対する考え方が、日本人と中国人ではまったく異なっていることがわかります。

本郷さんは歴史家ですから、日本人の歴史への関心度の低さに日頃から苛立っているでしょうが、それでも、近代以降は、日本人も、自分たちの歴史に関心をもつようになったのです。しかし、近代以前の日本人にとって、歴史はそんなに重要ではなかったでしょう。確か、これも本郷さんが書かれていたかと思いますが、「岐阜」という名前を考案したとすれば、織田信長は中国の歴史にはそうとう詳しかったはずですが、日本の歴史は、それほどには知らなかったのかもしれない。

対して中国では、非常に歴史が重要視されました。どうして、中国では歴史が重要だったのか、その中に名が残ることに中国人が命をかけたのはなぜなのか。

このことは、実は今日の私たちの対談の主題とも関係しています。別に、中国人が知識欲が旺盛で、歴史に関心があるわけではない。歴史というのは、この場合「正史」のことですね。正史とは、国家が編纂した歴史書のことで、中国の場合、基本的には、後の王朝が前の王朝の正史をまとめる。何のために正史が書かれるかというと、それは、「皇帝」なるものの継続性を証明するためです。「紀伝体」というスタイルで書かれている中国の正史は、皇帝の起源と、それが「現在」まで受け継がれてきた由来を記す。なぜそれが重要かというと、皇帝は「天命」によって天下（世界）を統治する権限を与えられているからです。天命が伝わる順序が「正統」と言われ、その「正統」の継承を記したのが歴史だということになります。歴史に名を残すというのは、その人物が、この「正統」の継承に貢献した、ということです。

中国人が歴史に名を残したいというとき、皇帝という制度をめぐる支配の正統性の論理が強く利いています。逆に、日本人の歴史への無関心、中国人と比べたときの「名を残すこと」への執着の小ささは、天皇が、皇帝とはまったく違う論理に基づいていることを示唆しているように思います。日本人にとっては、天命がそこから発する厳然とした「天」も存在していませんし、だから、正史のような歴史も重要でない。

武家とは何か

大澤　さて、北条は自らが将軍に、つまり武士のトップに立つことがなく、執権にとどまりました。北条自身が頂点に立ったとしたら、武士たちをまとめることができなかったのではないか、と私は想像しています。

すると、そもそも武士というものは何を目指しているのか。武士は、統治者になることを目指しているように見えます。しかし、彼らは統治者になろうとするのはどうしてなのか。商人や農民や、あるいはその他の職能民は、統治者になろうとなどしない。どうして、武士は、それを目指すのか。また、武士が統治者であろうとするなら、繰り返し述べてきたような疑問がどうしても残る。彼らはなぜ天皇や公家を残しておくのか。

そもそも武士（武家）とは何か。中世以降の日本史において、最も重要なエージェントは間違いなく武士です。天皇も謎ですが、武士の由来、武士とは何かということも謎です。

かつては、武士は、在地の開発領主が自己防衛のために武装したものだ、というような説明がなされてきました。しかし、最近の学界の流行説は、武士は、むしろ京都、貴族とのつながりから現れるものだと考えるそうですね。たとえば、高橋昌明氏は、武士は、都（西国）で、しかも朝廷の衛府から生まれた、という説を唱えておられる。高橋さんによれば、武士の武具のデザインは、とても都風であって、田舎のセンスではない。

要するに、武士の起源については、地方（東国）説と都（西国）説とがあるわけです。しかし、正直にいって、私は、どちらの説にも十分には納得はしていません。確かに、武士の起源は都にある、という説には、一定の説得力があります。武士の源泉が衛府だったかどうかについては、正直、疑問が残りますが、武士と都との関係は否定できない。実際、有力な武士、武士の中の武士はみな貴種であり、先祖を辿れば、貴族や皇族にたどり着く。

しかし、武士の源泉をすべて都だとするのにも違和感があるのです。武士が武士としての存在感を示し、主に活動しているのは地方、東国です。武士には、東国的雰囲気がある。

直感的な言い方をすれば、武士は、東国という土壌によくあっている。仮に武士の種が西国にあったとしても、東国の土壌に撒かなければ育たなかったのではないか、と思わせるものがあります。あるいは、都ではもうひとつ育たなかった植物を、東国に移植してやったら大きく育った、という感じでしょうか。

そもそもの武士の起源は何なのでしょうか。本郷さんはどのように考えていますか。

本郷　私も少し違う考えをもっていて、武士の起源と言うならば、それこそ日本人が、縄文時代以来狩りを行ってきていたことにもあるだろうと考えます。狩りをする人、それが後の武士ではないでしょうか。

大澤　なるほど。そこまで遡りますか。

本郷　これは私の先生である石井進が言っていたことです。石井は、馬に乗って弓をひいて獲物を仕留める人、殺生に携わる人が武士の起源であると考えていました。

武士は生死に携わり、残虐さを相当身に纏っている存在です。一方、当時の京都の貴族たちは、穢を非常に嫌いました。たとえば、朝廷の敷地内で死人が出ると、とにかく死体を朝廷の外にもっていって、外で死んだことにしてしまう。つまり、朝廷には死が存在しないと考えていた。それほどまでに朝廷や貴族は死を恐れていた。

そういう人たちとのつながりが深い京都の武士っていうのはやっぱり残虐性というもので言うとひとつ落ちるかなと。だからそういう意味で血を流すことをいとわない、むしろ好んでそういうことをやっちゃうということにおいて東の武士は武士らしいという気はしますね。

大澤　ただ、私は、たとえば源頼朝が武士の棟梁として成功した理由は、頼朝が単なる土着の豪族ではなく貴種の系譜だった、ということが非常に大きいと思っています。もしも、北条氏がそのまま将軍職につけるような状況だったら、「頼朝」は必要なかったでしょうが、先ほどのように北条氏はそこまで昇りつめることはなかった。そのために、将軍を別途立てる必要が出てくる。

本郷　いわば、雇われ将軍ですね。

大澤　本社からちょっと送ってもらった人のような（笑）。そのように考えると、武士として大成するには、単に二流の貴族程度ではいけない。では土着の武士として勇猛にしていればいいのかと言えばそれだけでもいけない。やはり京都とのつながりがはっきりとなければいけないのです。

　これが、武家がもっている二重性です。東国の有力者であるということと、どこか京都につながっている貴種としてのアウラ。どちらに武士の武士たるエッセンスがあるのか。あるいは両者の関係をどう見ればよいのか。そうしたことがわかってくると中世の世界というものの、さらには日本社会の見え方が変わるように思います。

本郷　それこそまさにさっきから僕が申し上げているような。たとえば論理的なものが美しいとする感覚を日本人がもたないならば、京都だろうが土着だろうが、構わないことになりませんか。

「血よりも家」と「万世一系」

大澤　日本の中だけで生きていくのであれば、あいまいなままでもいいかもしれません。しかし、これだけグローバルだとか世界的な連携の中で生きていかなければいけない現代において、自分たちがどのような原理の中で生きているのかを明晰に説明できる方がいいのではないかと考えています。

　アメリカや世界に、ただ追随し続けるのではなく、その中で意味あるプレイヤーでありたければ、まずは日本のアイデンティティや価値観、論理を自覚できなくてはならない。日本人がたとえば、仮に天皇をすばらしいと感じていて、それを維持し続けるのであれば、天皇とは何か、それを他者に対して理解可能なものして、論理的に説明できた方がよい。キリスト教徒が自分たちの宗教についてあるかたちで論理的に説明できるように、です。自分たちを動かしている原理を自覚して、仮にそれを維持するだけの場合でも、自ら主体的に選択しているという意識をもった方がよいと思うのです。たとえば、海外でも象徴天皇制を取り入れろというようなことを言う必要はないでしょうが、私たちがこれをよいと思っているとすれば、そこにはどのような意味で「普遍性」があるのかを言えた方がよいのです。

　現状では、日本人はあまりにも自分のことを理解できていない。それを他者に説明するにはほど遠い状況です。

その理由のひとつは、私たちのもっている主な思考法が、西洋から借りて来たものであることにあるかもしれません。たとえば、本郷さんの専門である歴史学も、ヨーロッパで生まれた実証的な近代の歴史学を日本社会に適用したものです。この種の学問は、西洋の事象を説明するのに都合のよい仕様になっているのです。マルクス主義もそうです。ですから、日本について理解し説明するということは、思考法や学問的方法論そのものの再構築をも伴わないとならないのですね。

だから日本社会やその歴史をうまく説明できないのは無理もないところもある。ただ自分たちのことをよく説明できないのは、ほんとうに歯がゆく感じます。そして、その歯がゆさを最も強く感じるのが天皇や武家について考えるときです。

天皇という現象の不思議さという主題に戻りますと、本郷さんの言われるように、「上皇」の存在もきわめて特異的です。引退した王に、それ用の特別な名前がついているのは、日本だけです。普通は、引退した王や引退した皇帝は、王・皇帝ではない、というだけであって、その人のための特別な地位などない。しかし、日本では、引退した天皇は上皇と呼ばれ、ときに、天皇よりも大きな権力や政治力をもつ。引退した天皇がそんなに力を発揮するのなら、どうして、天皇としてそれを発揮できないのか。

そこで本郷さんは、日本においては地位より人に権力があると考えられた。これを聞くと、こんどは、そういうときの「人」とは何か、と伺いたくなります。つまり「地位より人だ」と言われると、普通は、個人を単位とした業績主義や実力主義を連想します。しかし、上皇が強い権力をもつ理由は、業績や実力にあるわけではありません。

摂政や関白が実権をもった摂関政治や、上皇が権力を握っていた院政からこんなふうに思います。ある時期以降の――というか中世の――天皇制は、公式上の中心であるはずの天皇を形式的な意味でのみ中心として維持し、実質的な政治権力の帰属先を、その中心からずれたところ、中心の外部に委託する性質がある、と。形式的な中心（天皇）から外れたところにある「外部」が、最初は、摂政・関白であり、次には上皇になる。

このように、形式的な中心と実質的な中心がずれるので、天皇制は、中心が二つある楕円構造になるわけです。摂関政治では、実質的な中心が、天皇家（王家）の外にまでずれてしまっているのを、あらためて、天皇家の方に引き戻したものが、いわゆる院政に見えます。だから、本来は、形式的な中心が実質的な中心に合致するところまで来なければならないのですが、つまり天皇による親政にならなければいけないわけですが、天皇制そのものに、実質的な中心――実質的な権力の帰属先――を、形式的な中心から外そうとする強い力学が働いているために、引退した天皇である上皇が「治天の君」となるという、世界的に見ればきわめて変則的なシステムができあがったのではないか。そんなふうに思います。

さらに付け加えておけば、形式的な中心である天皇の外部にある実質的な権力の担い手、つまり、外部にある政治権力の委託先が、摂関家どころか、天皇・公家の範囲をはるかに超えたらどうなるのか。それこそが、院政期のあとに出現した武家政権ではないでしょうか。

　ともあれ、どういう理由によるのか、天皇制にはこういう力学が働いているため、天皇は中心であるのに中心ではない、というような両義性が出てくる。なぜこういう力が働くのか。そこが知りたいところです。

本郷　なるほど。日本の権力の依り代は人ではないようで、私はおそらく家だと思っています。

大澤　家か。なるほど。

本郷　家をひとつの単位として動いていくのは、貴族や天皇だけでなく、武士も同様です。先ほど、武士は生死に強く関わると言いましたが、なぜ、戦って死ぬことができるのか。私にはとても疑問でした。誰だって死にたくないのに、なぜ戦死できるのか。別に日本人は神様や信仰心に動かされて戦に行くわけではありません。では、なぜ、と考えると、やはり家なんだろうと。宗教があれば、神のために死にます。武士においては、おそらく家のために死ぬのではないでしょうか。

大澤　確かに、家のために死ぬことはありますね。

本郷　自分が戦場で苛烈に戦って死ねば、家に対してご褒美が頂ける。本郷家なら本郷家は、不動なる土地を下賜される。土地を得た本郷家は永遠になると考える。その論理で、戦場に赴いて行けるのです。

　中国の科挙のような個人の才能ではなく、家を自分たちの拠り所にする。では、家において血はどうなるのか、不思議です。

大澤　そのとおりです。

本郷　家における血を考える上での問題は、たとえば、自分の家よりも上位の家の血を分けた人が養子として入ってくる。これは問題ありません。なぜなら、それによって家が栄えるからです。有名な事例では、近衛家がそうです。藤原氏でも最上位に位置する近衛家には、江戸時代はじめ、天皇家から養子が入っています。

日本の家の最上位は天皇家です。では、天皇家の血はどうなっているのか。実は私たちは天皇家の血筋について、これまで当たり前に、正統に代々受け継がれているものとして捉え、深く考えるということをしてきませんでした。とりあえず、天皇家の血筋を確かなものとして考えてきたのです。

一方で後醍醐天皇に仕えた吉田定房は、天皇家は万世一系だと前提されていることが、天皇制を守る上で大きな問題だと考えていました。中国では天命を受けた家が没落すると、新たな天命を異なる家に下します。そうして皇帝が中興されることで、皇帝という地位が守られる。血筋を重視する日本の感覚では、漢の劉家が滅びれば皇帝の家は滅びると思ってしまいますが、吉田定房の見解では、家が滅びても皇帝という存在さえ残ってくれれば、王朝はずっと栄えている、ということになる。

これは現在の天皇制を考える上でも重要な視点です。万世一系にこだわる以上、男の子が生まれないといけない。しかし、それはあまりに現実味がないので、女性天皇を立てたらいいのではないか。しかし女性天皇は近代以降出ていない。天皇制を守るか、血を守るのかがあいまいなあまりに、今いびつなことが起きているのではないでしょうか。

大澤　「万世一系」と聞くと、純粋な血の同一性への執着があったかのように感じられますが、私は、日本の天皇制における血の同一性へのこだわりはたいしたことはない、と思っています。というか、血の純粋性や同一性へのこだわりが小さく、むしろ、「同一」であることの基準がきわめてあいまいだからこそ、万世一系が可能だったのです。

中国の皇帝と比べるとよくわかります。中国では、天命を受けた個人が皇帝になるわけですが、その後、一般的には――「革命」までは――天命は父系を通じて継承されます。正統な継承者は、厳密に、父系を辿らなくてはなりません。

中国で、去勢された官吏である「宦官」が、しばしば大きな政治的な力を振るうのは、このことと関係している。先ほども述べたように、中国は、官僚が重視されるところで、官僚は、厳しい科挙を通じて選抜されているわけですから、彼らの権限には明確な法的で合理的な根拠があります。そういう中国にあって奇妙なのは宦官で、彼らは、法的な正当性もなく、しばしば政治に絶大な影響を与える。

そもそもどうして、中華帝国には大量の宦官がいたのか、宦官の役目は何かと言えば、後宮の世話係です。つまり、皇帝の妻たちの世話をしている。そのとき、最も心配なのは、妻たちの不貞です。もし妻が皇帝以外の男との不貞で子を孕んだら、皇帝の父系の血を引かないものがまちがって次の皇帝になってしまうかもしれない。そこで、後宮の女たちが男と接触をもつのは危険だということになる。しかし、彼女たちを世話する男も必要だ。その問題を解決するために、去勢された男である宦官が、後宮に入るわけです。すると、どうしても、次の皇帝は幼い頃、宦官に育てられ、宦官と親しくなる。一部の宦官は、この子が成人し、皇帝になった後も、影響力を行使できた。中国の政治は、きわめて厳格に統制された官僚によって主に動かされているのに、宦官というインフォーマルな権力がときどきそこに随伴するのは、こうした事情からですね。

　要は何を言いたいかというと、中国の皇帝の血の同一性は、これほど厳格に守られていた、ということです。これと、たとえば『源氏物語』と比べてみるとよいでしょう。天皇ではない光源氏との不貞によって生まれた子が、結局、天皇になってしまう。これを、日本人は、とても麗しい純愛の物語として読んでいるわけですが、中国だったら、とんでもなくおぞましくスキャンダラスな話ということになってしまう。そもそも、中国の皇帝の後宮に男が忍び込むことなど、不可能ですが……。

　天皇が万世一系でありえたのは、血の同一性に対して、きわめてあいまいだったからです。「同一性」ということに対して厳密だったら、必ずどこかで、その同一性の途切れが見出されてしまう。その子は正統な継承者ではない、ということになる。同一性に関してきわめてルーズであいまいだったからこそ、万世一系でありえたわけです。

イエとしての皇室

大澤　そう考えたときに、では「家」ということが主題として浮上してきます。万世一系ということと「家」というタイプの組織とが関係しているからです。一九七〇年代末期に、公文俊平さん、村上泰亮さん、佐藤誠三郎さんという社会科学の偉大な学者たち三人が一緒に書いた『文明としてのイエ社会』という大著があります。この本の主張によれば、歴史的に見て日本社会には、大きく二つの組織原理があった。ウジ（氏）の原理とイエの原理です。

　ウジというのは、文化人類学でいう「クラン（氏族）」のことですから、世界中のいたるところに大同小異のものがあります。古代の日本社会は、ウジの組織原理によっておおむね説明できる、とされています。初期の天皇制、「大王《おおきみ》」も、ウジの原理の中から生まれてくる。

　日本固有の組織は、イエである、というのが『文明としてのイエ社会』の主張です。イエは、中世において、関東の武士団の中から生まれてきた、というわけです。やがて、イエは、武士の範囲を超えて日本の社会の中に普及していき、日本社会の最も重要で一般的な組織原理となった。たとえば、江戸時代においては、武士のイエより、商家の方が、より典型的なイエだったりします。そして何より、天皇家がイエ化した。天皇の親族は、起源においては、むしろウジですが、やがて、気づかぬうちにイエへと変容を遂げたわけです。今では、皇室こそが、イエの中のイエです。

私は、今、イエとは何かを言わずに説明しています。イエとウジとはどう違うのか。イエは、家族や親族の一種とみなされていますが、そうではない。イエは、しばしば自分たちを擬制的な家族のように捉えることがありますが、イエを、まずは家族や親族のようなものからはっきりと切り離して捉えた方がよい、というのが、『文明としてのイエ社会』の主張です。

イエというのは、特定のはっきりとした目的をもった合理的な経営体の一種です。なぜイエが武士の社会から生まれたのかというと、武士の集団には、きわめて明確で厳しい目的があったからです。領地の維持・拡大のための戦いです。イエには、合理的な経営体であることからくるいくつかの性質がある。たとえば、機能的な階統制（ヒエラルキー）をもつ。あるいは、かなり高度な自立性をもっている。

この対談で注目しておいてよいことは、イエと「血縁」の原理との関係です。繰り返し述べたように、イエは、血縁集団ではない。だから、『文明としてのイエ社会』では、「超血縁性」（血縁を超えていること）という語を使っています。実際、日本のイエでは、養子がしばしば活用されますが、それは、血縁にこだわっていないからです。あるいは、武士のイエの場合、ときには、郎党のような、必ずしも血縁者でないものもそのメンバーとみなされている。合理的な経営体ですから、目的を共有できる者が、一種の「契約」によって加入できるのが、イエです。が、いったん入ってしまうと、まるで家族のように扱われる。擬制的な親子とか兄弟とか、です。だから加入は自由ですが、脱退は簡単には認められないのが、イエの顕著な特徴です（余談ですが、この特徴が最もよく維持されている現代の集団が、ヤクザです）。

もうひとつのイエの特徴は、「系譜性」です。系譜性というのは、直系継承線が継続するということで、これが「万世一系」に関係しています。直系継承線が続くというとき、その継承線の全体を貫く強い同一性が保たれている必要はありません。ただ、個々の継承が、鎖の輪のように、きちんとなされている、というふうにメンバーが納得しないといけない。

また長々と解説してしまいましたが、今日の対談との関係で大事なことは、まず、イエは、武家の社会の中から発生したということ。そして、そのイエの原理が朝廷にまで浸透し、皇室こそが典型的なイエとなったこと。こうしたことでしょうか。

本郷　今、大澤さんの話を聞いていて気がついたのですが、平氏の中で、千葉あたりを開墾すると千葉姓、三浦半島を開墾すると三浦姓とか、自分が開墾した土地の名前をもらうのです。これは、一人ひとりの力によって名が与えられているわけですから、どちらかと言えば、ウジの論理で動いているように思います。しかし、考えようによっては、開発した場所によって名が付与されるのは、確かに経営体とも捉えられる。開墾という経営が生じるときに名が与えられる。つまりイエが生まれるわけです。

大澤　その通りだと思います。武士の「名字」というのは、イエと関係しています。

それと同時に、今話してくださったこととの関係で、実は、『文明としてのイエ社会』の問題点を指摘することもできるのです。今私は、この本の内容を好意的に紹介しましたが、実は、古い研究なので、限界もあるのです。村上泰亮さんたちは、武士を開発領主とほぼ完全に同一視しているのですが、先ほど述べたように、武士の起源については、地方と京都の間の独特の相互作用が関係していて、単純に開発領主がそのまま武士になった、とは言い難いのです。開発領主と武士を同一視したことの結果として、彼らは、ウジの原理とイエの原理を、まったく独立に発生したと考えている。独立していたものが、のちになって相互作用して、ウジ的だった組織もイエ化した、と。

しかし、私はそうではない、と思っています。つまり、イエの発生は、ウジの原理の存在を前提にしている、と。今、指摘してくださったように、土地の名前に由来する武士の名字は、武士の集団がイエであることを示しています。しかし、「源氏」とか「平氏」とか、あるいは「藤原秀郷」や奥州藤原氏の「藤原」とかは、ウジから来ている。武士のイエは、ウジ的な原理をも組み込んでいるのです。厳密なことについては難しいですが、イメージだけを言うと、イエは、ウジに寄生することで生まれ、やがて、宿主と寄生の関係が逆転し、自分の方が宿主になったのです。ウジ的な原理がなければ、イエ社会の成功はなかったように思います。

もうひとつ、本郷さんの『武士とはなにか』のなかで論じられていることをここで合わせて考えてみるとおもしろい。あの本の終わりの方で、本郷さんは、日本社会の原理として、ツリーとリゾームがある、ということを書かれていますね。ツリーに対応しているのが、イエです。イエの内部が、先ほど少し述べましたが、ツリー状のヒエラルキーになっている上に、イエというものは、いくつも集まって、ツリー状のヒエラルキーをもった包括的なイエになる、という性質がある。たとえば幕藩体制がその典型です。個々の武士は、もちろん、自分のイエをもち、その家父長です。その武士の集まりがまた大きなイエ、「藩」という「お家」になっている。そして藩の集合は、最大規模のイエである徳川家に包摂されている。この重層性が、ツリー構造をとっているわけです。

では、リゾームはウジかと言えば、もちろん違います。本郷さんは、リゾームの例として、一揆のときの「一味同心」とか「一味和合」のときの「一味」を挙げていますね。中心や特権的なリーダーがない、平等なヨコの連帯です。これは、「惣村」というときの「惣」の原理ですね。『文明としてのイエ社会』の中にも、この種の組織のことが少しだけ出てくるのですが、脇役に過ぎません。しかし、ウジは、先ほど述べたように、やがて、イエの中に統合され、いわばイエの中で止揚されてしまうので、イエと対立させるとすれば、本郷さんがやったように、リゾーム的な「ソウ」の原理の方がよいのではないか、と私は思います。

本郷　ご指摘の通りで、江戸時代は幕藩体制とは言いながらも、「私は○○藩の某である」とは名乗らなかったそうです。実際は「○○家中の、某である」と名乗っていた。赤穂藩の堀部安兵衛、でなくて浅野内匠頭家中堀部でござる、ということですね。ですから江戸時代でも人々の所属は、藩ではなく、家なんですね。

なぜ天皇制は残り続けたのか

大澤　いずれにせよ、イエ社会という観点を入れたとしても、解けない問題は解けないですね。村上・公文・佐藤の説では、イエは、土地をめぐって戦う武士たちの中から、自然発生したわけです。しかし、そうだとすると、武家から出たイエの論理が、開発や争いには直接コミットしない皇室において完成されるのはどうしてなのか。そして、いずれにせよ、このイエ社会論では、武士が日本列島を実効支配しながら、天皇を排除しなかったのはどうしてなのか、ということで論じてきた問題は解けません。

　この二つの問題に関して、本郷さんは、先ほどから言われている職の体系を重視されますよね。土地支配が、武家のみならず公家、天皇家まで関係した重層性をもった構造によって維持されていたために、武家は天皇を必要としていた、と。この説明はとても説得力があるのですが、ただ、戦国時代があり、そして秀吉が検地をして、徳川が幕藩体制を敷くという過程の中で、職の体系は無くなります。するともう天皇や貴族は必要ないじゃないですか。それにもかかわらず、天皇家が残った理由はどこにあるのか。

　この問題について、本郷さんは、イングランドの国教会の例との類比で説明されています。私は、本郷さんのご著書のほとんどの部分については、かなり説得され、納得したのですが、実はこの部分についてだけは、反論があるのです。

十六世紀に、イングランド国王のヘンリー八世が、ローマ・カトリックを抜けて、自らをスポンサーとするイギリス国教会を立ち上げる。それまで、ローマ教皇の支配下にあったカンタベリー大司教が、カンタベリー大主教になって、イギリス国教会の頂点に置かれるわけです。その上で、イングランド王は、カンタベリー大主教から戴冠される、という形式で即位する。

このとき、イングランド王は、ローマ・カトリックから独立したのだから、わざわざ聖職者によって冠をかぶせてもらわなくても、自分で冠をかぶればよいではないか、と言いたくなるわけです。しかし、イングランド王は、イギリス国教会の頂点にいるカンタベリー大主教を通じて王に即位するという体裁をとった。本郷さんのご説明によれば、これが日本の近世の初頭で起きたことと似ている、というわけです。たとえば、秀吉は、天皇から関白に任命されるというかたちで権力を握る。本郷さんのご指摘では、これが、イングランドの国王がカンタベリー大主教から戴冠される、というのと似ている。

ただ、私は、この類比はやはりミスリーディングではないか、と思うのです。イングランド王が、カンタベリー大主教による戴冠を必要としているのは、王権の正統性を維持する上で、神学的なロジックが効いているからです。イングランド王は、勝手に、「おれが王だ」とは言えないのです。もともと真に重要なのは、ローマ教皇ではない。神です。

カトリックからの分離は、ローマ教皇が神の代理人であるということに関して、疑いをかけた、ということです。しかし、いずれにせよ、王が王であるためには神が必要です。というか、神が究極の権威としてあるからこそ、ローマ教皇を拒否することも可能だったわけです。ローマ教皇を斥けたとすると、別のかたちで、神の承認を証明しなくてはならない。神の真の代理人であるカンタベリー大主教は、不可欠です。

秀吉のケースは、これとは違うように思います。というか、まさに、このイングランドのようには説明できないからこそ、不思議なわけです。秀吉は、別に、天皇のおかげで天下を統一できたわけではありません。天皇から関白に任じてもらう必要など、まったくないように見えるのです。それなのに……、というかたちで疑問が出てくる。秀吉は、天皇よりも強いし、天皇とは無関係に天下を統一したのに、天皇家を残し、天皇から関白などの官職に任命されるという仕組みを残した。このことの不可解さは、イングランドで十六世紀に起きたことを参照しても、あまり小さくならないように思えるのですが、いかがですか。

本郷　あれは僕の屁理屈ですが、たしかにイングランドの宗教改革において、ヘンリー八世は国教会のカンタベリー大司教をカンタベリー大主教と呼びかえて残した。大澤さんの言われる通り、王の権力を外部から保証する存在として既存の権威を利用したのだと考えます。それと同様に、秀吉は天皇を、自分の権威を保証する存在だと位置づけ直したのではないか。むしろ私が考えるには、天皇にとっては信長が一番の脅威だったでしょう。

公家に対してもまったく何の容赦もありませんでしたから。

大澤　さらに、秀吉の後、今度は徳川幕府の時代がやってくる。このときも、もちろん、朝廷は残され、天皇から征夷大将軍に任じられるというシステムが続くわけですが、幕府の朝廷に対する態度は、まことにひどい。禁中並公家諸法度のことは先ほど述べましたが、東福門院和子《とうふくもんいんまさこ》の入内をめぐるゴタゴタとか、紫衣《しえ》事件とかを見ると、幕府は、朝廷を完全に見下しているとしか思えない。ちなみに、これも読者のために解説しておくと、前者は、和子（家康の孫、秀忠の娘）が入内することになっていく後水尾《ごみずのお》天皇が、ある女官と関係をもち、男児を孕ませたことに対して（まだ正式に結婚する前のことです）、二代将軍秀忠が激怒して、その女官の兄など六人の公卿を流罪にした、という事件で、後者は、後水尾天皇が、天台・真言宗の僧侶に与えた紫衣（高僧に与えられる紫の法衣）に関して、「乱発のしすぎだ」として幕府が取り消してしまうという事件です。後者は、天皇の人事権に対する幕府の露骨な介入だと言えます。

　そんなに天皇を侮蔑しているなら、幕府としては、天皇から「将軍」の地位をもらう必要などないし、天皇や公家たちを排除することだってできたように思えるのに、そうはしなかった。そのことが、結局、徳川幕府が終わるときに効いてくるけです。幕末のとき、もらった覚えもない「大政」をわざわざ奉還したにもかかわらず、徳川幕府は朝敵と見なされ、あっという間に倒されてしまった。

　幕府だけの問題ではありません。幕末に朝廷側にたった武士たちだってたいてい、ずっと長い間、そう二六〇年くらい、ほとんど天皇のことなどまともに考えたことはなく、どちらでもよい空虚なものと思っていたはずです。しかし、突然、危機を迎えたとき、ずっと天皇のことを何にもまして大事に考えていたかのように態度を豹変させたわけです。

この経緯を見ると、私は『資本論』でマルクスが恐慌について述べていたことを思い起こします。ブルジョワは、普段、貨幣をバカにしているけです。貨幣など、計算のための道具でしかなく、本来の目的である商品を得るための媒体にすぎないなど、と。ところが、恐慌になると、普段は貨幣など空虚だと言っていたブルジョワたちが、貨幣を狂ったように追い求める。マルクスは、「鹿が清水を求めて鳴くように」と書いています。

徳川幕府と武士たちの態度は、このブルジョワに似ている。普段は、天皇など空虚だ、としてそれをバカにしていたわけです。しかし、危機的な局面になったら、突然、それを追い求めた。

マルクスの言っていることは、ブルジョワは、貨幣に対していかにそれを軽視するような態度をとっていても、実は貨幣を崇拝していた、ということが恐慌のときに露呈する、という趣旨です。これと類比させれば、幕府は、ある意味で、天皇を崇拝していたわけです。が、それで話を済ますわけにはいきません。大事なのは、この「ある意味で」という部分です。どのような意味で、なのか。

武士は、一方では、天皇をとくに必要としているようには見えず、むしろ軽蔑しているようにさえ見える。しかし、他方で、天皇を排除することはどうしてもできず、ときには、天皇の権威にひれ伏しているようにも見える。この極端な二面性をともに説明できなくてはならない。どう説明したらよいのか。これが難問です。

本郷　天皇を取り巻く二面性とはなんなのか。どこからくるのか。私もそこがどうしても説明できなくて、難しい部分です。もったいないとか、そういった精神もあったのかもしれない。お守りを捨てられないように、はっきりと自分の意思で自覚的に捨てられないというか。だけどどうもよくわからなくて。やはり難しいです。

（二〇一九年二月四日　左右社にて）

特別付録

対談をより深く理解することば

「もしも、天皇が内乱や外敵の侵入を想定したならば、あの平安京のプランはありえないでしょう。」（対談18頁16行）

【外敵がこない】

大陸から海を隔てた島国であるために、そもそも朝廷は、外国から攻められることをあまり考えなくてもよかった。要するに日本は放っておいてもらえた。

アジアの東のはずれにある国で、わざわざそんな所に戦争をしかけにいっても、なにも得することがない。モンゴルから派遣されて一年間日本に滞在した趙良弼《ちょうりょうひつ》が、フビライに対して「日本を占領するのは馬鹿馬鹿しいのでやめるべきだ。日本はひじょうに野蛮な国であって文化程度も低い上、土地も痩せている。日本を占領してもコストが引き合わない」というレポートを書いています（私が書いたのではありませんよ）。（本郷和人『考える日本史』159頁）

「天皇の正統性の根拠は、法的なものというよりも人々の間に明確に存在していたある種の階層性でしょう。」（対談21頁16行）

【位階がもたらす階層性】

貴族たちはみな必ず、肩書きを有していた。それは従二位などの「位階」と、大納言などの「官職」が組み合わされて成り立っていた。（中略）

位階は上は一位から下は八位まである。（中略）

位階を二つに区切るとすれば、五位以上と、六位以下とに分けられる。五位以上であれば内裏の殿舎に昇る資格を得る。そこで、五位以上を殿舎の上に座を占める人、との意味を込めて「殿上人《てんじょうびと》」と呼ぶ。六位以下の人は殿舎に上がることを許されないから、地べたに畏まらねばならない。ために地にいるべき人、「地下人《じげびと》」という。

父が地下人である人はいかに才能があろうと、財産を築こうと、殿上人になれぬのが慣例である。彼は官歴を地下人として終始する。五位と六位の差はきわめて大きい。また、殿上人の中でも一位から三位までをとくに「公卿《くぎょう》」と呼ぶ。公卿に列することは、一流の貴族である証しといえようか。

（本郷和人『天皇はなぜ生き残ったか』34〜35頁）

「大事な官職はすべて、いわゆる令外の官、律令以外でつくられますから、それによって出世コースが固まるのは平安中期だと思います。」（対談23頁9行）

【令外官】

律令どおりに官職を配置したところ、実際の政務がうまく運ばない。そこで朝廷は律令に定めのない官職を置き、朝政を行った。これが律令外の官職、令外官である。必要に迫られて置かれただけに、令外官は重職ばかりである。これまで言及したものでは、摂政と関白、内大臣、中納言、参議、蔵人、近衛府の諸職。以上がみな該当する。政務は明らかに「実情の官職」によって運営されていた。

（『天皇はなぜ生き残ったか』39〜40頁）

「和歌や漢文といった教養をもっている公家に対して、武士は言ってみればヤンキーで、頭が悪いわけです。ですから、教養をもっている貴族になんとなく位負けする。」（対談27頁9行）

【文字の読めない武士】

どのクラスの武士たちの知能を以て平均とするかは問題であるが、おそらく通常の御家人であれば、まず漢字は書けない。彼らは晩年に領地を子どもに配分する文書を自筆で認《したた》めるが、そのほとんどは拙劣な文章で、しかも仮名で書いてある。伊勢国の善教寺の仏像の胎内から発見された、鎌倉時代初めにかなり高い地位（筑後守。国司は御家人では数名である）にあった武士の日記はたどたどしいもので、漢字はほとんど用いられない。当時の書籍は、漢字を知らなければ読みこなせない。武士たちが十分に学び、教養を積んでいたとは考えにくい。

（『天皇はなぜ生き残ったか』１０８〜１０９頁）

【情報を与える朝廷】

貴族たちは、律令を受容した祖先の知的水準を維持するべく、研鑽《けんさん》に励んでいた。時が経つにつれて忘却され、失われるものは数多くあったにせよ、それでもなお圧倒的な質量を誇る情報が朝廷には保存されていた。それを引き出すための方法と手続きも、大切に受け継がれていた。
それゆえに端的にいってしまえば「蒙味《もうまい》な」、自らのありようを表現できぬ武士たちは、ことごとに朝廷に質問し、学ばねばならなかった。

（『天皇はなぜ生き残ったか』110～111頁）

【文化の価値】

『新古今和歌集』の真名序には、和歌は「誠に是れ、理世撫民の鴻徽《こうき》」とあり、仮名の序には「世を治め民を和らぐる道とせり」と記された。すぐれた和歌を詠むことは、文化の精華であるとともに、世を統治する手段と認識された。（中略）文化を形成する各々の芸能は、気楽な遊興ではあり得ない。文章や法律や歴史と同等な価値を有する、真摯に修練を積むべき道であり、振る舞いであった。

（『天皇はなぜ生き残ったか』112頁）

「日本が科挙を取り入れなかったのは、日本人はまだそこまで頭が良くなかったので、科挙には耐えられないと貴族たちが考えたからだと思います。」（対談29頁5行）

【科挙を取り入れなかった日本】

科挙は隋の時代に原型ができ、唐の時代にはある程度実施され、宋の時代、つまり日本で言えば平家政権のころには、すっかり大陸に定着していました。
この間、日本は遣隋使も遣唐使も派遣していたわけですから、科挙の制度については当然、知っていた。しかし、知っていたにもかかわらず科挙は取り入れなかった。朝鮮もベトナムも科挙を導入しているのに、日本だけが取り入れていないのです。そこには為政者、権力者の「科挙は日本になじまない」という判断があったのでしょう。

(『考える日本史』41頁)

【世襲に寛容な日本】
日本には科挙が導入されなかった。なぜか。律令を移植する時点では、知識人層が確立しておらず、したくてもできなかった、というのが一つの有力な解釈であろう。ただ、それだけではないような気がして仕方がない。わたしが指摘したいのは、日本人の世襲への親和性である。天皇家をはじめ、日本人は世襲に寛容である。(中略)こうした現在の状況の根本が、科挙の不採用に重なるように思えてならない。(中略)
こうした風土に、科挙はなじまなかった。広く人材を登用する、という概念自体が根付かなかった。そのために朝廷は社会とは隔絶した政権となった。一般人は高い教養を積んでも、統治のスキルを習得しても、絶対に朝廷に参入できなかった。世襲を基本とする貴族だけが行政に関与し、官僚は育成されなかったのだ。

(『天皇はなぜ生き残ったか』46〜50頁)

「武家が公家や天皇家を残してきた理由も、論理や神格性といった大そ

れたものではなく、もっとあいまいで適当に「偉いから偉い」と言って残されてきただけではないのか。」（対談32頁7行）

【天皇の芯】

では辛うじて残された、燃え滓《かす》のごとき「天皇の芯」はどこに求めればよいのか。これまで述べてきたところによれば、実情ではなく、まして当為ではなく、祭祀でもない。延命を果たしたのは、文化・情報である。天皇はこれをこそ固守し、これに依存したのだ。皇統が連綿と存続したことを知っている現代のわたしたちは、或いはそれを権威になぞらえたくなるかもしれない。けれども「文化と情報」はむしろ、剥き出しになった天皇の核心と捉えるべきとわたしは思う。

（『天皇はなぜ生き残ったか』204頁）

「武士は生死に携わり、残虐さを相当身に纏っている存在です。」

（対談43頁12行）

【武士の特異性】

死をケガレとして極度に厭い、死を連想するものさえ極力避けるのが、貴族の普通の感覚でした。だから平安期には政争の敗者でも死刑になったケースはきわめて稀です。またいわゆる平民である百姓層にも殺生を避ける仏教の教えが浸透しており、彼らから見ても、すすんで殺生に手を染める武士たちは異質の存在でした。

（本郷和人『承久の乱』39頁）

【武士の特異性】

そもそも武家は、いちいち死者の恨みなど気にするよりも、むしろ「恨みそうな奴は殺してしまうべし」という傾向がある。

たとえば平清盛は、源頼朝を生かしてしまった。その結果、恨んだ頼朝によって平家は滅ぼされてしまう。この経緯を武家ならば、身にしみて知っています。だから恨みそうな物理的な力をもっている者は、殺してしまう。殺してしまえば、どんなにあの世で魂が恨んだとしても、それはもう怖くない。

（『考える日本史』71頁）

「自分が戦場で苛烈に戦って死ねば、家に対してご褒美が頂ける。」（対談48頁15行）

【御恩と主従】

なぜ自分の命を捨てることができたのかというと、武士の場合、自分が戦場で主人のために命をかければ「奉公を果たした」として、主人は自分の家族に土地（御恩《ごおん》）を与えてくれる。（中略）

殿様と家来（主従）というのはこの契約関係で結ばれているからこそ、自分が命を捨てることによって、自分の家族に土地が与えられる。自分は死ぬけれど、自分の家族は生き残って繁栄できる。

（『軍事の日本史』33頁）

「実は私たちは天皇家の血筋について、これまで当たり前に、正統に代々受け継がれているものとして捉え、深く考えるということをしてきませんでした。」（対談49頁7行）

【明治、天皇を研究した時代】

大逆事件が起きたときの『原敬日記』などを読むと面白いことが分かります。明治末年、原敬が、当時、山縣有朋の「第一の子分」だった桂《かつら》太《た》郎《ろう》に、「天皇という存在を学問研究の対象とすることについてどう考えるか」と尋ねると、桂太郎は「学者が研究する分は全く問題あるまい。学問の自由は認めるべきだろう」と答えています。陸軍の親分の一人である桂がそういう発言をしている。これに対して原敬は「自分も全く同感である」と言っています。つまり、太平洋戦争が始まった頃、「神聖にして不可侵な存在」と言われた天皇も、明治時代には、学問の分析対象にして構わないと思われていた。このような天皇へのアクセスの仕方があったのです。明治政府の天皇に対するこのような姿勢は見逃すべきではないと思います。

（『軍事の日本史』１９１頁）

「一方で後醍醐天皇に仕えた吉田定房は、天皇家は万世一系だと前提されていることが、天皇制を守る上で大きな問題だと考えていました。」

（対談49頁11行）

【吉田定房の進言】

「中国の王室では『中興』、衰えていた命運を再び盛んにする事例が多い。これは（易姓革命が行われて）それまでの王家と異なる血筋の人が、（天の命を受けて）新たな天子として登場するからである。（これに比べて）日本の国王家は連綿と同一の血筋で受け継がれてきたので、次第しだいに衰えていき、復興を期待することはできない。……天皇・皇太子の進退も、人臣・将軍の任官も、すべて幕府の意向次第である。そうした現在、幕府を斥けて天皇中心の政治を開始しようとして、それが世の支持を得られなければ、朝廷はたちまち敗北の憂き目を見る。皇統は絶えてしまうだろう。我が国存亡の危機である。どうかこのことをよくよくお考え下さい」

　定房は高い見識をもつ大覚寺統の忠臣で、落魄した後醍醐天皇を見捨てず、吉野まで付き従う人である。皇室に身も心も捧げた彼が「日本の天皇は万世一系であるから、もう盛んになることはないのだ」と言い切っていることは、まことに注目に値する。

（『天皇はなぜ生き残ったか』165～166頁）

「私が考えるには、天皇にとっては信長が一番の脅威だったでしょう。」

（対談59頁18行）

【信長と天皇】

信長は目的を明瞭に設定したときには、精神世界の総本山である比叡山を焼いてしまえる人物であった。門徒衆二万人の虐殺もしてのけた。たとえば死後の世界を頭の片隅にでも意識していれば、恐ろしくて回避したい所行である。もちろんそんなことをした人物は、霊性の偏在が自明とされるこれ以前の時代には存在しなかった。精神世界を軽視する、もしくは拒絶してこその行動からすると、信長が実情を冷静に把握する覇者であったことは疑いがない。

（中略）信長の政権がいま少し存続していたら、天皇家は滅びたかもしれない。天皇家が滅びるといったとき、例えば織田氏が新しい天皇になり、天皇という地位は残る場合と、天皇がまさに消滅する場合とが想定できるが、わたしが想定しているのは後者である。天皇と貴族とを過去の遺物として捨て去る。それがどう評価されるかは別の問題として、歴史上、そうした行動をとる方向性を有していたのは、織田信長ただ一人であったろう。

（『天皇はなぜ生き残ったか』215頁）

論文

大澤真幸

天皇

武士とのふしぎな共存

天皇はまさに性的な両義性を呈するからである。天皇をはっきりと男と見なすわけにはいかない、天皇はむしろ女性的でさえある、というような両義性を、である。

I　万世一系という謎

1　万世一系——しかし血の同一性への無頓着

天皇は謎である。この制度を外から観察している者からは、不可解な制度と見えているだろう。だが、天皇制は、これを活用し、これの中で生きている日本人にとっても謎である。われわれは、なぜ、天皇があるのか、どうして天皇が必要なのかを、自覚していない。ヘーゲルの『歴史哲学講義』に、「エジプト人についての謎は、エジプト人にとっても謎である」という格言めいた言葉があるが、われわれは、天皇制に関して、まさにこのエジプト人である。

天皇の謎は、その最も顕著な特徴とされている性質、すなわち「万世一系」に集約されている。天皇の地位は、最初の天皇から今上天皇まで断絶することなく世襲されてきた（ことになっている）。世界各地に、かつてさまざまな王権が存在していたし、現在でも多くの王権が存続している。しかし、日本の「王権」、つまり天皇制ほどの継続性をもった王権はほかにどこにもない。

万世一系であることの副産物は、王朝の観念の不在である。たとえば、現在のイギリスの王室はウィンザー朝であり、ルイ十四世はブルボン朝の第三代目にあたり、朱元璋《しゅげんしょう》は明朝の初代皇帝である。このように言うときと同じような意味での「王朝」という観念が、日本の天皇制には欠けている。したがって、天皇には「姓」がない[*1]。古代のある時期に、天皇は、自らは姓をもたず、臣下に姓を与えるポジションを得ることを媒介にして、つまり姓の（臣下への）一方的な贈与者になることを通じて、臣下との間に主従関係を確立するようになった。*2 日本の天皇制は、世界中にある、あるいはかつてあった王権と何かが異なっている。王朝の観念の欠如は、そのことのひとつの現れである。

天皇の万世一系が成り立っているということは、日本人が、この系列を通じて継承されている何らかの「同一的なるもの」に対して強い愛着をもっていることを意味している……と、そのように推測したくなるのだが、どうだろうか。「同一的なるもの」とは、もちろん、「血」（と

＊1　ごく初期の古代の天皇の中には、そしてまた天皇の前史と解釈しうる古代の王たちの中には、中国の王朝から冊封を受けた者もいる。たとえば、雄略天皇へと至る連続した五代の天皇は、中国の宋の皇帝から「倭王」として冊封された。ここで「倭」は姓である。雄略天皇（ワカタケル）は「倭武《わぶ》」だった（「武」が名で、「倭」は姓）。だから、すべての天皇に姓がないという認定は、厳密には正しくない。だが、雄略天皇の後、倭の中国王朝への朝貢は、一世紀以上の長期にわたって行われなかった。その後、朝貢は再開されたが、冊封はなされず、「倭」という姓も脱落した。そして、「倭」が、天皇の対外的な姓であったことも忘れられた。こうしたことを考えれば、天皇と姓とが結びついていたのは、天皇制の歴史のごく一時期に過ぎなかった――天皇が天皇として成熟する前だった、ということはまちがいなく言えるだろう。

＊2　このことの意義を重く見たのは松本健一である（『「孟子」の革命思想と日本　天皇家にはなぜ姓がないのか』昌平黌出版会、二〇一四年）。松本の推測では、このやり方を完成させたのは、藤原不比等だ。しかし、天皇が臣下に姓を与える方式が導入されたのは、もっと前ではないだろうか。

して表象されるもの）である。「親（父）－子」の関係を通じて継承されていく「血」だ。日本人は、代々の天皇を通じて継承されている「高貴な血」の同一性・純粋性にとりわけ強くこだわり、そのために、「万世一系」の天皇制の圧倒的な継続性が実現したのだろうか。

しかし、事実はこれとまったく異なっている。日本人はむしろ、「血の同一性」に対して、ことのほか無頓着なのだ。このことは、たとえば『源氏物語』を読めばわかる。桐壺帝の皇子として——桐壺帝の二代後の——天皇となった冷泉帝は、藤壺の宮（桐壺帝の中宮）の姦通によって生まれた子であって、ほんとうは桐壺帝の子ではない。藤壺の宮の不倫の相手は、もちろん、光源氏である。日本人はこの物語を愛している。特に、『源氏物語』の主要な読者は、平安期の貴族、とりわけ天皇自身だったことに気づかなくてはならない。紫式部は、一条天皇の中宮彰子に仕えたわけだが、彼女が『源氏物語』を書いたのは、彰子の局《つぼね》を魅力的なものにし、一条天皇をそこに引きつけるためだった。日本人が、そして誰より天皇自身が、『源氏物語』の世界を好んできたとするならば、天皇の血が父子関係を通じて純粋に同一性を保って持続することに対して、日本人は強い規範的な選好をもっていなかったことは明らかだ。だが、そうだとすると、どうして、他国では類をみない圧倒的な継続性が、すなわち「万世一系」の継続性が、天皇において実現したのだろうか。

2　そこにはいかなる同一性も賭けられていない——歴史への無関心

天皇の継続性に、「血」とは別の何か、「血」という表象には還元されない別の実体が託されているのだろうか。日本人は、「血」とは異なる何かを、たとえば始祖（アマテラスオオミカミ）との特別な関係に由来する神聖性を信じ、それが代々の天皇を通じて継承されているということへの強いこだわりや確信をもっている、ということなのだろうか。実際、「三種の神器」こそは、そうした実体の物的な表現のようにも見える。

しかし、この推測もまちがっている。日本人に、天皇がなぜ特別なのか、どうして敬意の対象となりうるのかを問えば、神話時代の神々、とりわけアマテラスとの特権的な関係に訴えて回答するしかないだろうが、実際には、日本人がそんなことを本気で信じていたのは古代においてのみであり、アマテラス云々という回答は、自分でもよくわからないことをごまかす欺瞞的な説明に過ぎない。たとえば、ヨーロッパの絶対王政は、歴代の王を通じて、同一の「政治的身体」が持続しているという政治神学によって正統化されていたが、日本の天皇の身体には、「政治的身体」に類する超越的実体が託されていたわけではない[＊3]。

このこと、つまり天皇の万世一系の継続性が（血を超える）神聖な同一性によって裏打ちされていたわけではないということは、ヨーロッパだけではなく、中国のケースと対比してみるとよくわかる。中国文明と比較したときに目立つことは、日本人の、そして日本の朝廷の、自身

＊3　E・H・カントーロヴィチ『王の二つの身体　中世政治神学研究』平凡社、一九九二年。ヨーロッパにおける「王の政治的身体／自然的身体」という二重性の源泉は、もちろん、キリストの身体にある。この二重性は、キリストの身体の複雑な転用の結果だ。詳しくは、大澤真幸『〈世界史〉の哲学　近世篇』講談社、二〇一七年参照。

の歴史に対する無関心である。中国人は、歴史を極端に重んじる。歴史は——とりわけ正史を記したテクストは——、中国人にとってほとんど聖典《バイブル》に等しい価値をもつ。たとえば、よく引かれる東晋の将軍・桓温《かんおん》の言葉は、中国人にとっての歴史のこうした意味を前提にして、はじめて理解可能なものになる。桓温は大きな軍功をいくつもあげたため、東晋の実質的なリーダーにまで成り上がり、ついには、周囲の反対をふりきって、皇帝になることを望んだ。このとき彼はこう言ったと伝えられている。「男子たる者、百世に芳しきを流さずんば、まさに臭きを万年に残すべし」（令名を遺せないならば、悪名を遺したい）、と[*4]。歴史から無視されるよりは、悪名としてでもよいから、歴史に名が刻まれたい、というわけだ。中国人はどうしてそこまで歴史に名を残すことに執着するのか。

　中国人にとって、歴史（正史）は、天命を受けた「皇帝」なるものが、同一的なものとして継続してきたことの証明だからである。歴史に名が書き込まれるということは、その名を有する人物が、皇帝が同一性を保ったまま継続したことに対して有意味な貢献をなしたことを示している。要するに、継承される価値ある「同一的なもの」、すなわち「皇帝」があるからこそ、歴史への情熱と執念が生じているのだ。中国の各王朝にとって、正史——原則的には前王朝の正史——の編纂は、国家的な事業である。正史を書くことで、自分たちが、前王朝から正しく皇帝としての地位を継承してきていることを証明しようとしたのだ。

　これと比べたとき、日本人の、そして日本の支配者の（自らの）歴史への関心は、著しく小さい。日本の朝廷も中国をまねて、正史の編纂を始めたことは始めた。八世紀初めに成立した『日本書紀』は、最初の正史である。しかし、朝廷が編纂する歴史書は、六書までで、つまり九〇一年に成立した『日本三代実録』を最後に止まってしまった。[*5] 歴史的な回顧の視線の中で、何かの価値ある同一性が継続してきたことを確認しようという意志が、日本人にはまったく欠けていたからだ。貴族が身につけるべきとされた教養の中には、紀伝道という歴史の「お勉強」が含まれているが、紀伝道によって学ぶ歴史は、中国の歴史であって、日本の歴史ではない。[*6]

したがって、こう言わざるをえない。万世一系の天皇には、特別な価値ある実体——長期にわたって持続する同一的な実体——が託されているわけではない、と。だが、神聖なるものの同一性へのこだわりがないのだとすれば、どうして、万世一系が実現したのか。万世一系であることによって、何が守られているのか。天皇の継続によって維持されているはずの何かの同一性に、日本人は、まったくこだわっていない。

だから、逆に考えざるをえない。こうした同一性への執着がなかったからこそ、天皇は、断絶なく続くことができたのだ。何か貴重なモノの同一性に敏感になれば、人は、その断絶にも

＊4　結局、桓温は皇帝にはなれなかった。

＊5　いわゆる六国史。日本書紀、続日本紀、日本後紀、続日本後紀、日本文徳天皇実録、日本三代実録。

＊6　織田信長は、日本の歴史については無知だった。しかし、彼は中国の歴史にはかなりの知識があったようだ。信長は、斎藤道三が築造した稲葉山城の城下「井之口」を「岐阜」と改名した。「岐阜」は、中国の故事に基づく名である。

敏感にならざるをえない。王を名乗るこの人物は、ほんとうに、先王の「血」を受け継ぐ子なのか。この人物は、「王の政治的身体」を体現していると見なすことができるのか。この男は、天命を受けた皇帝なのか。臣下たちが抱き得るこうした懐疑を払拭できなかったときには、王や皇帝は断絶せざるをえなくなる。こうしたことの同一性への厳密なこだわりが欠けていたからこそ、天皇は万世一系でありえたのだ。

だが、これで天皇制の謎が解けるわけではない。むしろ、謎はますます深くなる。それを通じて継承されているモノに日本人がさして興味をもっていなかったとするならば、どうして、天皇制はかくも長く続いたのだろうか。万世一系は謎である。

II　空虚化する中心

1　X－Pの分立

引退した天皇のことを「太上天皇」、略して「上皇」と呼ぶ。引退した王や皇帝にそれ固有の名前があって、そのための特別な地位が与えられるのは、日本の王権（天皇制）だけである。[*7]普通は、引退した王や皇帝は、たんに「王（皇帝）ではないもの」「前の王（皇帝）」という以上のものではない。どうして、天皇制にだけ、退位した王のための——名前付きの——地位があるのか。上皇にこそ、実権が帰属しているからである。つまり、朝廷に帰せられる権力に結びついている意思決定が、実際には、天皇ではなく上皇に担われたからである。実効的な政治権力は上皇がふるった。もう少し注意深く言い換えれば、――朝廷の中の上皇はひとりとは限らなかったので――、実効的な政治権力を担ったのは、「治天の君」とされた特定のひとりの上皇であった。

「太上天皇」という地位はいつからあったのか。最初の律令（大宝律令、七〇一年）に、天皇と並んで、天皇位を譲位した太上天皇についての規定がすでに入っている。しかし、日本の律令が模倣の対象としていた唐律令には、譲位した皇帝・天子のための規定はない。太上天皇は、日本に独自の事情から生まれたものであったことがわかる。

しかし、古代の天皇制の最初から、上皇に重要な役割があったわけではない。初期の天皇制においては、皇位に即《っ》くことがそのまま実効的な政治権力を掌握することでもあった。古代における最大の内乱、壬申の乱（六七二年）を見れば、そのことは明らかだ。日本は、白村江の戦い（六六三年）で唐・新羅連合軍に大敗し、朝鮮半島における拠点をすべて失った。その後、天智天皇は、都を飛鳥から近江に移し（六六七年）、西国一帯から兵を集め、敵の攻撃に備えた。壬申の乱は、天智天皇の路線を継承しようとする、その子息の大友皇子（対外政策重視）と、天智の政策を否定する、天智の弟大海人皇子（対内政策優先）との間の戦いだ。結局、大友皇子が敗北し、自害した。勝利を得た大海人皇子は天武天皇として即位し、遣唐使を一時的に中断す

＊7　本郷和人『上皇の日本史』中公新書ラクレ、二〇一八年。

るなど、国内重視の施策をとる。壬申の乱が激しく容赦のない戦いになったのは、誰が皇位に即くかで実質的な政策に違いが出てくるからだ。このときにはまだ、天皇に実効的な政治権力が帰属していたのだ。

　ところが、ある時期より、天皇制には、権力の帰属先の脱中心化が生ずる。意志決定の実質的な主体が、天皇の周辺の別の地位の担い手に、天皇からすれば、公式上は臣下にあたる地位の者に移行するのだ。天皇の観点からこれを捉えれば、実効的な政治権力の担い手としての機能を、周辺の特定の臣下に外注している、ということになる。したがって、本来の中心であった天皇は政治的な意志に関して、空虚でニュートラルなものとなる。こうして、

X（空虚な中心＝天皇）―P（実効的な政治権力の担い手）

というペアが生まれる[*8]。

　太上天皇という地位が、最初の律令の中にすでに規定されていたという事実から含意されることは、権力の中心のこうした二項化へのポテンシャルが、すでにこの段階で孕まれていたということである。とはいえ、上皇が真に実質的に権力をふるうことになるのは、ずっと後のことであり、それもそれほど長期間ではない。ここでさしあたって確認しておきたいことは、律令が導入された段階にあってすでに、権力の中心を空虚化しようとする傾向が、萌芽的に孕まれている、という事実である。

2 摂関政治、院政

こうした権力の脱中心化が、最初にはっきりと可視化され、実効性を発揮したのは、もちろん摂関政治においてである。このとき、Pの位置に藤原摂関家が就く。摂関政治の実質的な始まりは、九歳（数え年）で即位した清和天皇に代わって、その外祖父（母の父）藤原良房が政務を執ったときである（八五八年、このとき藤原良房は太政大臣。後に摂政に任じられる）。外戚である藤原家がPの担い手になったのは、平安時代において、京都の公家の間では、招婿婚《しょうせいこん》が一般的だったからであろう。招婿婚とは、男性が女性のもとに訪れるかたちでいとなまれる結婚形態である。この場合、生まれた子は母方の祖父母のもとで養育される。こうして将来の天皇に対して母方の祖父が影響力をもつことになった。

天皇から外化されていたPが、やがて朝廷の内部に取り戻されることになる。が、このときでもなお、権力の脱中心化の力学が――天皇からの「外注」のメカニズムが――作用し続ける。すなわち、天皇その人が権力を担い、親政するのではなく、上皇が政務を担ったのである。これがいわゆる院政である。院政は、白河天皇が堀河天皇に譲位したとき、上皇（院）として院庁《いんのちょう》において、八歳の新天皇を後見しつつ、摂関家に頼ることなく実権をふるったときに始

＊8　この二項関係については、以下でかつて論じたことがある。大澤真幸「天皇の謎を解きます」『THINKING「O」』第九号、二〇一一年。

まる（一〇八六年）。

ここに至って、日本の律令が独自に設置した「太上天皇」がはっきりと政治の前面に登場することになる。いずれにせよ、外化されていた権力の帰属点が（再）内化されたとき、正確に中心へと回帰せず、偏心化され、引退した天皇の方に定着したことに留意すべきである。（再）内化の過程にあってさえも、外化の力が働いていたのである。引退した天皇が実権を握ることができたのは、家父長制のイデオロギーが利いていたからであろう。何しろ、上皇は、天皇の父なのだから。しかし、院政を家父長制のみから説明することはできない。家父長制は、世界史上の多くの場所や段階に存在するが、先にも述べたように、引退した王や皇帝に特別な名をもつ地位が与えられ、王や皇帝の上に立って公式の権力をふるったところはどこにもなかったからである。

結局、（再）内化の力は強くは働かない。いったん、院政という形態で中途半端な内化が作動した後、圧倒的に強い外化が果たされるからである。すなわち、政治権力の脱中心化の宛先が、物理的にも社会的にも（天皇から）はるかに遠くに置かれることになる。政治権力の実効的な担い手であるＰが、武士のリーダー（武家の棟梁）や武家政権になった。Ｐが平家であったときには、なお、それは、院政の単純な模倣であるかのように見えていた。上皇や摂関家の位置を平家が占めただけだ、と。しかし、ついでＰが、源氏や北条得宗家によって担われるに至ったときには、そのような単純な解釈は不可能になる。日本人なら小学生でも知っているように、その後、武家政権の内部での交替があり、ほとんど空白と言ってもよい時期を挟んで、最終的には、近世の徳川政権にまで続く。

3　武家政権はなぜ……

　Pが武士のリーダーになったとき、ひとつの疑問が抗いようもなく表面に浮上してくる。「X－P」という権力の二項分立において、どうしてXが必要なのか？　この二項分立において奇妙なのは、Pに事実上帰属している権力が機能するために、ほとんど働いていないように見えるXが必要になる、ということである。この奇妙さは、摂関政治や院政においては、目立たない。摂政・関白は、天皇の家臣であり、公式上は、天皇からの委託や命令によってその権力をふるうからである。また上皇は、広義の天皇の内的契機、天皇の身体の一部であると解釈することもできるからである。しかし、Pが武家になったときには、そのような見方の中で、疑問を解消することは不可能になる。

　まず、武家政権は――すべての武家政権というわけではないが――、天皇から物理的にも距離を取ろうとしているように見える。京都ではなく関東に拠点を置くことによって、である。そして何より、武士は、天皇からの社会的な独立の程度が大きい。武士や武家政権と天皇との間には、公式の、誰もが理解しているような関係が定まってはいない。太政大臣や摂関や上皇のようには、天皇との間に、定まった公式の関係があるわけではないのだ。

　武家政権のリーダーや幕府の構成員は、天皇の臣下なのか。そのように解釈できなくはない面もあるが、実際上はきわめてあいまいである。強いて言うならば、武士は、実質的な支配を確立した後で天皇の臣下だったことにされているのだ。たとえば征夷大将軍に任じられる、などという体裁で。だが、武士は、決して、最初から征夷大将軍として、己の支配を拡張し、確立したわけではない。言い換えれば、武士は、その政権を確立するにあたって、天皇の助けを借りてはいない。

そうすると、武家政権を例にとったときには、X－P関係においてどうしてXが必要なのか、さっぱりわからなくなってくる。この問題に関連して、実は、法制史学者・石井良助の有名な研究がある。石井は、戦後まもない昭和二十五年に出版した著書『天皇』で、天皇制には、「(天皇は)親政せず」という伝統があった、ということを歴史の事実に即して示そうとした[*9]。しかし、これは、われわれがここで提起している疑問に対する解答にはならない。石井の研究は、ここで述べているX－P関係、つまり執政しない空虚な中心として天皇が存在している体制が、日本の歴史の中で、執拗に持続していた、という事実を確認したものである。われわれの疑問の対象としていることがまさに事実であると確認するのが、石井の研究だ。しかしわれわれの疑問は、なぜこのような事実があったのか、ということにある。

武家政権は、どうして、天皇・朝廷を打倒し、排除しなかったのか。天皇やその周囲にある公家勢力が、単に武家政権にとってあまり役立たないように見えるというだけではなく、はっきりと武家政権にとっての障害物となっていたときが少なからずあった。このことを思うと、疑問はますます深まってくる。しかも武家政権は、総合的な実力において天皇・朝廷に優っており、とりわけ動員しうる軍事力に関して圧倒しており、その気になれば、天皇制を打倒することはいくらでも可能だったように思えるのだ。それなのに、武家政権は、天皇制を叩き潰すようなことはしなかった。

たとえば、承久の乱（一二二一年）のことを考えてみよう。この戦を仕掛けてきたのは、朝廷側である。朝廷の頂点に君臨していた後鳥羽上皇が、当時の鎌倉幕府のリーダー、第二代執権の北条義時の追討を呼びかけたのだ。幕府側は、これに対して、積極的に反撃した。義時の息子の泰時（後の第三代執権）に率いられた幕府軍は、ただ待つことはせず、京都に向けて進撃し、朝廷側に完勝した。戦勝後、幕府側は後鳥羽を含む三上皇を遠流したり、上皇方に付いた公家や武士の所領を没収したり、そこに新補地頭を配置したり、京都に六波羅探題を設置したりした。しかし、北条義時・泰時に率いられた幕府側は、天皇制そのものを取り壊すことはなかった。ただ天皇を――仲恭から後堀河へと――変えただけだった。朝廷が、武家政権に対して好意をもたず、むしろ危険な因子となりうることがはっきりした以上は、そして、幕府の方が朝廷よりも強いことが疑問の余地のないかたちで証明された以上は、幕府側は、天皇制を完全に廃絶してもよかったはずだ。いや、そうすべきだったとさえ言える。だが、そうしなかった。そうできなかったのだ。どうしてなのか。六波羅探題を設置するくらいだったら、天皇と公家勢力をすべて排除し、京都に、西国の御家人を支配するための幕府の出張所を設置した方がはるかに効果的だったように思うが、そうした展開にはならなかった。

＊9　石井良助『天皇　天皇の生成および不親政の伝統』講談社学術文庫、二〇一一年。

承久の乱で、もし上皇側が勝利していたとしたらどうだっただろうか。鎌倉幕府も北条得宗家も存続できなかっただろう。しかし、幕府が勝利したときには、天皇制は存続した。念のために付け加えておけば、承久の乱において、非があったのは、主として上皇側である。理不尽な難癖をつけて、執権の追討を命じたのは後鳥羽上皇だったからである。承久の乱の後、公家・朝廷に対する武家の優位は明らかになる。たとえば、誰が天皇として即位するかに関しても、幕府の許可が必要になった。

武家政権が一般に、既存の勢力に対して寛容なわけではない。新たに成立した武家政権は、その前の武家政権は完全に叩き潰している。それなのに、天皇制に関しては、どの武家政権もこれを廃棄することはなかった。天皇や公家勢力が、武家政権に対して好意をもっていたわけでもなく、ときに敵対的な行動に出る可能性すらあったにもかかわらず、である。どうしてであろうか。

前章で、天皇制についての謎は、万世一系に、つまりついに断絶しなかったということにある、と述べた。天皇が万世一系でありえた最大の原因は、軍事力において朝廷を圧倒し、また自分たちだけですでに十分な統治能力をもっていた（ように見える）武家政権が、天皇制の存続を許容したことにある。そうであるとすれば、天皇をめぐる謎の中心には、天皇と武家政権との関係、公家と武家との関係があることになろう。武士は、実質的な権力を握ったときに、どうして天皇を廃することはなかったのか。どのような意味で、武士は天皇を必要としていたのか。

4　遍在する「天皇制」

天皇には不執政の伝統があったとする、石井良助の研究にふれた。石井が見出したものは、ここでいうＸ－Ｐ関係である。日本国憲法が施行されてから三年後に発表された石井の研究には、明白な政治的意図があった。石井は、象徴天皇制が、日本の天皇の伝統に合致したものであるということを、言い換えれば、天皇に主権を帰属させた大日本帝国の体制の方が天皇制の伝統にとっては逸脱だったということを証明しようとしたのだ。石井のこうした議論の線に沿うならば、Ｘ－Ｐ関係は、戦後の天皇制においても持続していることになる。Ｘ－Ｐ関係について問うことは、それゆえ、現在の日本社会を考察することにもつながる。

それだけではない。内容を問わず、その構造にだけ着眼すれば、Ｘ－Ｐ関係は、伝統的にも、また現代においても、日本の多くの組織に見出される、きわめて一般的なパターンである。たとえば、現代の企業においても、「会長」や「社長」が形式的にだけ君臨し、実務に関しては、その側近の役員が実権を握る、というパターンはよく見られることだ。

次の事実にも注目しておいてよいだろう。日本社会の全体に関しては、Ｘ－Ｐ関係におけるＰの位置を武家政権が占めると述べたが、武家政権そのものの中にも、Ｘ－Ｐの二項関係が再参入している。たとえば鎌倉幕府において、実権を握っていたのは、北条得宗家だが、北条氏は執権であって、将軍に仕える立場である。つまり北条家とは別に、「将軍」がいた。頼朝から数えて三代で源氏の血が絶えてからは、鎌倉幕府は、わざわざ京都の摂関家や皇族から「将軍」を迎え入れたのだ。しかし、将軍は実質的な権力を一切もたず、いても何の役にも立っていないように見える。朝廷との関係でＰの位置を占めている鎌倉幕府の中に、Ｘ（将軍）－Ｐ（執権）の分立が再現されているのだ。

同じことは、他の幕府にも言える。室町幕府も、将軍が実質的な権力をもっていたと言えるのはせいぜい最初の三代だけで、それ以降は、実権をもったのは、臣下のトップである管領と侍所の長官（所司）だった。管領は、細川など三家の当主が、所司は、山名など四家の当主が交代で就いたので、両者を合わせて「三管領四職」と呼ばれる。つまり室町幕府においては、「将軍－三管領四職」が「Ｘ－Ｐ」の関係にある。江戸幕府でも、同じようなことがある程度言える。しばしば、将軍は弱く、将軍と臣下のトップである老中（または大老）が、Ｘ－Ｐの関係にあった。

Ｘ－Ｐ関係は、日本社会のさまざまな集団を規制する一般的な形式である。その原型ともいうべき至高の実例は、天皇制に見ることができる。さらに、その最も大規模に展開したケースが、天皇と武士の関係である。われわれはここで主として、朝廷と武家政権が共存した理由について考察する。すなわち、問うべきことの中心は、実効的な政治権力をすでに握っていたように見える武家政権が、どうして、空虚な中心としての天皇を必要としたのかにある。この問いは、しかし、日本史についての一特殊課題ではない。Ｘ－Ｐ関係の遍在を思えば、この課題をめぐる探究は、過去をも含む日本社会の諸集団が、どのようなメカニズムにおいて存立していたのか、という一般的な問いへの回答をも同時に示唆するものでもあるはずだ。

III　古代天皇制

1　複式王権

われわれの関心の中心はだから、武士が登場してからの天皇制、つまりは中世以降の天皇制にある。だが、中世の天皇制を考察するためにも、その前提として、ごく初期の天皇制、古代の天皇制についても、簡単に見ておく必要がある。

天皇制の前史となる初期の王権のあり方は、通説通り、邪馬台国に見るべきであろう。日本人にはよく知られている『魏志』の倭人伝の記述によれば、倭人の国では、もともと男子が王だったのだが、戦乱が続いたために、女子を王に共立した。「共立」とは、有力者たちが共同で立てた、という意味であろう。王に共立された女子こそが「卑弥呼」である。卑弥呼は、「鬼道」につかえ、衆を惑わし、独身であり、弟が国を治めるのを助けた。

こうした記述から推定できることは、邪馬台国は、文化人類学で言うところの「複式王権」を採用していた、ということである。複式王権とは、男性の王とその姉妹や娘などによって担われる王権で、一般には、男性の方が、政治や行政の実務を担当し、女性の方が、呪術的な祭祀を司る。女性は結婚しない――「神」と結婚していると解釈される――のが通例である。実際に、琉球王国には「聞得大王《きこえのおおきみ》」という（霊力をもつとされた）女性の王が――男性の王と並んで――いたこと、またヤマト朝廷にも、「伊勢斎王《いせのさいおう》」のような、古代の女性王の存在を示唆する制度が残存していたこと、こうした諸事実から推定しても、天皇制の前史に、このような女性の王が存在していたに違いない。

　石井良助は、邪馬台国の女の王に、天皇不執政の伝統の起源を見ている。だが、われわれは、Ｘ－Ｐ関係の直接の起源を原始の複式王権に求めるべきではない、と考える。というのも、邪馬台国の複式王権は、後の天皇制のＸ－Ｐ関係と連続してはいないからだ。先に壬申の乱を実例にしながら述べたように、古代のある時期には、天皇に直接、政治権力が帰属していた。それは、律令制の導入に先立つ時期に相当する。

　Ｘ－Ｐ関係の起源を原初的な王権のあり方にまで遡らせた場合に、見失うものがある。原初的な王権に関連づけた場合、われわれはどうしても、その存在の理由を、その段階には一般的だった呪術的な信仰に関連づけることになる。このとき、本来の疑問の核心が見えなくなってしまうのだ。近代にまで続く複雑な社会で、Ｘ－Ｐ関係が存在していたのはなぜなのか。それは、原始の呪術的な信仰によってはとうてい説明できない。たとえば、武士が天皇制を廃さなかった理由は、邪馬台国の人民が卑弥呼の「鬼道」に従った理由とはまったく異なるものだったに違いない。

　だが、いずれにせよ、天皇制以前の天皇制ともいうべき、原初の王権が、邪馬台国に見られるような複式王権だった、という事実は銘記しておいてよいことだ。これは、Ｘ－Ｐの二項関係の源流と見なすことはできないが、それでも、興味深いことをわれわれに告げている。それは、王の性的な両義性である。人々の前に直接姿を現し、統治の実践に携わった王は男である。しかし、人々はその男王の向こう側に、いわば男王を透かして女の王を見ていた（そのことによって戦乱が終息したとされる）。『魏志』によれば、卑弥呼は直接人民の前に姿を現すことはない（ひとりの男子が食事を運び、卑弥呼の言葉を伝えるだけ）。真の王――女であるところの真の王――は、男の王によって代表＝表象されている。人民の眼に直接現れているのは男の王だが、彼らは、その男の王の向こう側に控えている女の王を感知していた。

2　白鳥になった「天皇」

古事記や日本書紀に登場する天皇としては、ワカタケル、つまり雄略天皇に注目しておきたい。卑弥呼から二世紀ほど後の時代に属するこの「大王《おおきみ》」は、後の時代の文物から判断して、とりわけ重要な大王、「大王の中の大王」として意識されていたことがわかるからである。『万葉集』の巻一の冒頭は、ワカタケルの求愛の歌である。『日本霊異記』の第一話や『古事記』には、ワカタケルと神々（雷神や一言主《ひとことぬし》大神）との特別な近さを暗示する挿話がある。*10

ワカタケルは、中国の皇帝から冊封された例外的な天皇のひとりである。彼は、「倭王」として冊封された最後の天皇だった。*11 ワカタケルが宋の皇帝に提出した上表文によると、父祖の

＊10　吉田孝『歴史のなかの天皇』岩波新書、二〇〇六年、二六～二七頁。

＊11　注1参照。後の足利義満のことをどうカウントするかで、中国の皇帝から冊封された日本の最後の王が誰になるかは変わってくる。

ときから大王は自ら甲冑を着て、ほとんど休みなく山河を駆け巡り、東西南北の多数の蛮族の国々を平定してきた。ワカタケルは、かなりの領土を治めた、王らしい王だったと推察される。

だが、ワカタケルのスタイルは、この上表文が示すところに従えば、卑弥呼とは大きく異なっている。彼は、その「武」をもって、自らが支配する人々の前に積極的に姿を現しており、背後に別の女性の王が存在していることを暗示することはない。[*12] ワカタケルは、兄弟等の他の王位継承者をことごとく惨殺して、大王の地位に即いている。王の死去の後、王子たちが戦い、生き残ったものが次王となるという方式は、世界中の原始王権でしばしば見られるものだという。王の死によって危機に陥った王権が、王の息子たちの戦いによって再活性化すると考えられていたのだ。ただ、この方式では、王子たちは、父を共有する兄弟とは敵対関係にあるので、母方の豪族から支援を受けなくてはならなくなる。王権のこの「弱点」は、後に——乙巳《いっし》の変(大化の改新)の頃に——平和的な譲位が一般化することで克服されることになる。

ワカタケルは、最初の王らしい王、特別に尊敬された王だった可能性が高い。彼の名は、「ヤマトタケル」を連想させる。『古事記』によると、ヤマトタケルは、父である景行天皇に命じられて、西のクマソタケル・イヅモタケルを討ち滅ぼし、東の自然の神々を征服した。景行天皇は、息子のヤマトタケルを恐れており、彼が遠征の途上で死ぬことをひそかに望んでいたらしい。父のこの願いに反して、ヤマトタケルは、オバのヤマトヒメに助けられたりしながら、目覚ましい軍功をあげた。しかし、最後は、伊吹山の「山の神」に打ち惑わされ、故郷ヤマトを偲びながら崩御する。ヤマトタケルは大きな白鳥となってヤマトに向けて飛び立ったとされている。このとき后たちが白鳥を追いながら歌った四つの歌は、明治天皇の葬儀の際に復興され、歌われた。

このようにヤマトタケルは、王として即位できなかったにもかかわらず、記紀では、天皇以上に重く扱われている。吉田孝は、ヤマトタケルの物語は、ワカタケルの（事実に基づく）伝承から創られたのではないか、と推測している。そうだとすると、初期の最も重要な天皇についての伝承が、天皇にはなれなかった者の物語として、つまり失敗した天皇の物語として造形されたということになる。どうしてこのような屈折が生じているのか。どうして、典型的な天皇の伝承が、天皇ではなく、白鳥になったという物語へと転換されているのか。銘記しておきたい疑問である。

3　「天皇」という呼称

記紀にある歴代天皇の中で、どの天皇からが歴史的に実在したのか。これについては諸説あるが、ここでは検討しない。ただ、第二十五代の武烈天皇と第二十六代の継体天皇との間に断絶があり、（万世）一系性はここで壊れているのではないか、と考える専門家は多い。実際、系図で見ても、仁賢（第二十四代天皇）―武烈の系列に対して、継体ははるかに傍系である。継体天皇は、

＊12　もっとも、先に述べたように、『万葉集』の劈頭《へきとう》に、ワカタケルの恋歌を置いていることの意味は、重く見るべきかもしれない。この大王は、女に恋い焦がれているのだ。

近江の彦主人王《ひこうしのおう》を父とし、母は越前の三国の女である。継体は、即位してから河内や山背《やましろ》に長く滞在し、大和に入るまで二十年もかかっている。大和に落ち着くまでにこんなに時間がかかっているのは、継体天皇が外からの征服者だったからではないか、と推測されているのだ。

継体天皇の後、彼の直系が天皇位に即いていくわけだが、継体本人をはじめとして、彼の後継の天皇たちは、仁賢（武烈の父）の直系の女と結婚する。外部からの征服者が土地の被征服者から女を与えられるということ、土着の被征服者からすれば、征服者を入り婿のように迎えるということ、このやり方は、神話的なものも含め、世界各地で見られることである。

ともあれ、ここでは、「天皇」という呼称がいつから使われるようになったのか、という点だけ検討しておきたい。今日、われわれは「天皇」号を天皇の最も普通の呼称としているが、これが正式の日本の君主号になったのは、明治憲法のときである。明治において最も普通に使われていたのは「天子」である。その後も、中世・近世の天皇は、普通は「〇〇院」と呼ばれてきたが、大正末期に「〇〇天皇」と呼び替えた（例えば「花園院」が「花園天皇」へと）。外交文書では、長く「皇帝」が使われていたが、昭和十一年（一九三六年）になってやっと「天皇」に変えられた。このように、長い間、「天皇」の呼称は決して一般的ではなかった。が、この呼称が創造されたのは、古代のことである。それはいつなのか。

二つの説があるという。推古天皇のとき（七世紀初め）とする説と、もう少し後で、天武・持統天皇のとき（七世紀後半）とする説である。前者は、津田左右吉の説で、戦後、ほぼ通説になりかけた。しかし、津田が根拠とした史料が、推古朝のものではなく、それより後であることが判明したこともあって、後者の天武・持統朝説が有力になってきた。[*13] しかし、吉田孝は、やはり推古朝のときに、「天皇」が創られたのではないか、とする説を唱えている。この説が興味深い論点を含んでいるので紹介しておこう。[*14]

『日本書記』によると、第二回目の遣隋使（六〇八年）で、日本の天皇——推古天皇ということになる——は、使者に次のような国書をもたせる。「東の天皇、敬って西の皇帝に白《もう》す。……謹みて白す。具《つぶさ》ならず。」吉田によると、このとき、「天皇」の呼称が初めて用いられた。使者は、前年の第一回の遣隋使のときと同じく、小野妹子であった。どうして、このときが、「天皇」号の初使用だと判断できるのか。吉田の推論を再現してみよう。

六〇七年の第一回の遣隋使では、聖徳太子が、小野妹子にもたせた国書に、「日出づる処の天子、書を日没する処の天子に致す、恙無《つつがな》きや」と書き、隋の皇帝煬帝を激怒させたのだった。中国側の歴史書『隋書』に記されたこのエピソードは、日本人ならば小学生でも知っている。聖徳太子が、日本の天皇（推古天皇）を「天子」としたことのどこがいけないのか。皇帝を指す天子は、この世界で唯一でなくてはならないからだ。蛮族の王が、煬帝と対等な「天子」を自称するなど、あまりにも不遜である。こうした経緯があったがために、日本側（聖徳太子）は、

＊13　もし天武・持統朝のときに「天皇」が使われるようになったとすると、「天皇」という名は「日本」という国号とほぼ同時に発明されたことになる。

＊14　吉田『歴史のなかの天皇』二～一五頁。

「天子」を「天皇」に替えたということになるわけだが、「天皇」ならば「天子」よりもへりくだったものになるのだろうか。ここで、奇妙なことは、『日本書記』にある、この第二回遣隋使で送られた国書のことが、『隋書』にはまったく記されてはいない、ということだ。第一回に関しては、国書の無礼が問題になったのだから、第二回の遣使が上奏した国書のことがまったく触れられていないのは、不自然である。どうしてなのか。

その謎を解くために、もう少し詳しく、第一回の遣隋使の後の経緯を見ておこう。煬帝の怒りを受けた妹子は、煬帝が随行させた使者とともに、帰国した。この帰国の旅の中で、とんでもない事件が起きる。妹子は、煬帝が託した倭王宛の書を、途中の百済で奪われてしまったのだ。これはとてつもない失態で、死刑にも値する。実際、倭の朝廷では妹子を厳罰に処すべきだとの意見も強かったようだが、結局、妹子はたいした罰を受けなかった。のみならず、妹子は、述べたように、第二回の遣隋使でも派遣されているのだ。あれほどの失敗を犯した者にもう一度、同じ大役が与えられるのは、どう考えても変である。

おそらく――吉田の考えでは――、妹子が煬帝の書を百済で紛失したというのは、嘘なのだ。妹子はどうしてそんな嘘をついたのか。煬帝の返書が、非常に厳しい内容で、倭にとってきわめて屈辱的だったからだ。だから、妹子は、この書を正式に公表せずにすむように、盗まれたことにしたのだ。しかも、妹子への罰がきわめて小さかったことを考えると、この虚偽とその事情を、当時の朝廷で最も力があり、発言力があった人物も知っていたはずだ。もしかすると、この人物こそ、この隠蔽工作を思いつき、妹子に命じたのかもしれない。その人物とは、もちろん聖徳太子である。[*15]

聖徳太子は、「天子」の呼称が煬帝から拒絶されたので、二度目は「天皇」に替えたということになる。彼は、中国の文献からこの名称を見つけ出したのだろう（あるいは、中国の文献を参考にしてつくったのかもしれない）。だが、「天皇」が「天子」に比してはっきりと謙虚な名前とは思えない。それは、どう見ても、「天子」や「皇帝」にほぼ匹敵する尊大な自称である。当時、倭の君主が望みうる最も格の高い呼称は、「王」である。「王」は、皇帝から冊封された地位であり、帝国の周辺国の最高位を指している。つまり「王」は、皇帝の臣下であることを意味している。聖徳太子が「天皇」の呼称に固執したとき、はっきりと拒否していたのは「王」の呼称であろう。倭の大王は、「天皇」であって、冊封された「王」ではない、と。

小野妹子は、しかし、「天皇」がまだあまりにも傲慢であることをわかっていた。一度目の「天子」に激怒した煬帝だ。今度は「天皇」だ、などと言ったら、どれほど怒るかわからない。そこで、妹子は、自分の判断で、国書を握りつぶし、隋側に提出しなかったのではないか。これが吉田の推測である。[*16]

以上の吉田の論にあるような事情によって、「天皇」という呼称が導入されたとしよう。そ

＊15　この点について、梅原猛が、想像力豊かに繊細な推測を展開している。『聖徳太子』全四巻、小学館、一九八〇～八五年。

＊16　陳舜臣も同じように推測している。『中国の歴史7　隋唐の興亡』平凡社、一九八一年。

うだとすると、この名には、中国の皇帝に対する両義的な態度が刻み込まれていることになる。「天子」や「天皇」と自称することは、皇帝と対等であろうとする自負を表現している。が、しかし、日本の天皇が、中国の皇帝と対決し、場合によっては戦争することもできるほどに対等であると自らを見ていたかと言えば、そうではない。対等であろうとするより前に、そもそも、貢物をもって詣でているという行為が、皇帝への服従の姿勢を示している。日本側は、中華帝国の方が軍事的にも政治的にも強大であり、圧倒的に先進的な文明を有していることをはっきりと自覚していたに違いない。だからこそ、皇帝への敬意と忠誠心を示しているのである。先に引いた、「天皇」という語を用いた国書の書式、「○○敬白○○……謹白」という書式は、仏教において弟子が師に対して用いるもので、強い尊崇の念を表現している。しかし、それでも、「天皇」は、皇帝の臣下（「王」）として明示されることも拒否しているのだ。

したがって、「天皇」という名は、皇帝への服従を前提にしつつも、その服従が全面的なものになることは拒否していることになる。基本的には皇帝に従属しつつ、その従属が破綻しない範囲内での抵抗の態度が、この呼称の中に含意されているのである。

4　大嘗祭の本義——褥と衾

古代の天皇制に関連した主題としては、最後に大嘗祭についてだけ述べておこう。大嘗祭は、毎年執り行われる新嘗祭の大規模なもので、かつては天皇の即位礼そのものだった。大嘗祭が整えられたのは、天武朝（と持統朝）の頃だったと推測されている。おそらく、それ以前にも、未整備な形式のプレ大嘗祭とでも呼ぶべきものがあったのだろう。天武朝の頃、古代の「天皇」についての理解を集大成し、それを表象する儀式として大嘗祭が整備されたのだと考えられる。大嘗祭とは何か。

　最も一般的な解釈は、新天皇が、高天原からまれびとのようにやってくる神（天照大神）を接待し、その神と共食する儀礼だとされている。だが、このような解釈には回収できない部分を、大嘗祭は中核に抱えている。この点をはっきりと認識していたのは、折口信夫である。折口は、「大嘗祭の本義」の中で、次のように述べている。

> 大嘗祭の時の、悠紀《ゆき》・主基《すき》両殿の中には、ちゃんと御寝所が設けられてあつて、蓐《しとね》・衾《ふすま》がある。褥《しとね》を置いて、掛け布団や、枕も備へられてある。此は、日の皇子となられる御方が、資格完成の為に、此御寝所に引き籠つて、深い御物忌みをなされる場所である。実に、重大なる鎮魂《ミタマフリ》の行事である[*17]。

　外来神との共食が主たる行事だったとすると、どうして、悠紀殿と主基殿に寝具が置かれているのか。折口信夫の解釈に従ってみよう。大嘗祭の中心的な意義は、新天皇の身体に「天皇霊」を付けることにある。天皇霊は外来魂、つまり天つ国からの外来神のエッセンスである。した

＊17　折口信夫「大嘗祭の本義」『折口信夫全集』第三巻、中央公論社、一九六六年、一九五頁。

がって、天皇の身体は、「魂の容れ物」だということになる。この魂の受け入れに、寝具が深く関与している、というのが折口の見方である。

天皇霊（外来魂）を付着させるために、新天皇は、「真床襲衾《マドコオフスマ》」とも呼ばれるこれらの寝具で身を包む。衾を身につけ、褥に横たわる天皇の上に、外来神が降臨するのである。衣をとったときに、外来魂が最終的に付着したことになる。真床襲衾は、外来魂を呼び寄せる媒体となっている。

外来魂を付着させた後、天皇は、高御座《たかみくら》から言葉を発する。この言葉が祝詞《のりと》である。天皇霊を付着させている以上は、祝詞は、神の言葉の反復である。普通は、天皇の言葉の伝達者のことを「みこともち」と呼ぶのだが、天皇がすでに、神の聖なる言葉（ミコト）の伝達者である。この言葉の届く範囲が天皇の領土であり、天皇の人民だということになる。

祝詞に応えて、群臣は寿詞《よごと》を唱える。寿詞は、自分の魂を天皇に贈与することを意味しており、服従の誓いでもある。天皇は、群臣が捧げた魂を自らの身の中にもつことになる。諸国が米を献上することも寿詞と同じ意味をもっていた。稲穂はそれぞれの国の神であり、魂が付いているとされていたからである。

天皇が外来神と共食するのは、この稲穂をはじめとする諸国からの献上物である。そうであるとすれば、「共食」は、大嘗祭の全体にとっては最後の末端部分だということになる。その中核はどこにあるのかを繰り返せば、それは、祝詞なる原初の言葉を発生させうる資格を天皇の身体に付与するまでの部分、つまりは、真床襲衾を媒体にして天皇霊を付着させるまでの過程にある、ということになろう。祝詞があって、はじめて寿詞の応答も可能だったのだから。

衾を身につけ褥に横臥する天皇に神が降臨する。ということは何を意味しているのか。折口が、寝具にだけ言及しつつ婉曲的に語っていることをはっきり言ってしまおう。ここで天皇は「神の嫁」になるのだ。この儀式には、はっきりと性的な含みがある。ここで興味深いことは、天皇は嫁、つまり神との対比において女性だということである。生理的な性とは別に、大嘗祭において、天皇は女性として即位していたのだ。これが折口信夫の直観である。

IV　武士と天皇

1　木の彫物で……

古代の天皇制を離れ、問題の中心部に一挙に入ってみよう。われわれの疑問は、武家政権と朝廷との共存にあった。武士は、どうして天皇と公家のシステムを排除しなかったのだろうか。この事実に対する、最も普通になされている説明はこうだ。天皇の権威は古代以来ずっと維持されており、武士たちからも尊敬されていた、云々。こうした説明はしかし、実態とは大きく乖離している。このことをもう一度、いくつかのエピソードによって確認しておこう。

室町幕府の初期の事実から例をとってこよう。[*18] この時代の最新流行の風俗に「バサラ」があった。「バサラ」とは、現代風に言えば、「チャラチャラしている」というような意味で、伝統に反する奇抜で新しいファッションを指す。武士たちの間に、バサラ的なものが流行った。鎌倉時代においては、言うまでもなく、武士たちの文化の中心は鎌倉（関東）であり、この頃は、質素倹約や質実剛健の美徳が――別の言い方をすれば貧乏くさくてダサいスタイルが――普通だった。自分たちの田舎風のファッションに劣等感を抱いていた武士が、室町時代に入って、一挙に「都会化」しようとしたときに、バサラが流行ったのではないか。人は、都風に憧れながらも、都の主流である古典的な洗練をとうてい模倣できないとき、奇抜な様式をもってより前衛的なものとして自己主張する。よくあることである。

バサラ大名として知られていた武士のひとりに土岐《とき》頼遠《よりとお》（美濃国守護）がいた。頼遠は、奥州の軍勢を率いて上京してきた北畠《きたばたけ》顕家《あきいえ》の軍勢を、青野原《あおのがはら》（関ヶ原近辺）で食い止めた軍功で知られる武将で、室町幕府の要人である。頼遠の一行が光厳上皇の行列と遭遇したときのことである。院のお出ましだと注意されると、頼遠は、礼を尽くすどころか逆に、「院＝犬《いん》」なら射て落とせと部下に命じた。上皇の牛車を取り囲み、犬追物の要領で、これに向けて矢を放たせたのだ。矢の一本は、実際に上皇の肘に刺さり、上皇の車は転倒したという。ここには、朝廷への尊敬の片鱗もない。というより、この指導的な立場にある武士は、自分たちに依存しなければ存続することも危うい朝廷をむしろ軽蔑していたのであろう。

さすがに土岐頼遠はこのことで斬首に処せられる。とはいえ、処刑の前には、大名たちから助命の嘆願があったという。初期の室町幕府の重臣にとって、天皇や皇室を嘲笑することは、それほど悪いことだとは思われていなかったのだ。同じことは、『太平記』に記されている、高師直《こうのもろなお》の有名な言葉からも証明される。

武蔵守高師直は、室町幕府にあって、将軍の執事の地位にあった。つまり、彼は、幕府において、足利尊氏に次ぎナンバー2のポジションにいた。もう少し慎重に言い換えれば、師直は、尊氏の弟直義とナンバー2を競い合っていた。師直は、狭い京都に「王」（天皇や上皇）とかいう人がいて、その邸宅（内裏や御所）の前を通るときには、いちいち下馬して礼をしなくてはならないのはたいへんめんどうであるとして、いっそのこと、金か木で「天皇」をつくり、生きている院や国王は遠くに「流し奉れ」と暴言を吐いた、と伝えられている。

こうした例は、いくらでも増やすことができる。武士たちは、天皇に対して、これほどまでにバカにした態度をとっていたのだ。彼らが、天皇や朝廷の権威にひれ伏していたかのように事態を記述することは、とうていできない。と同時に、高師直の言葉は、別の角度から見ても示唆的である。仮に木の彫り物か金の鋳物に等しいとしても、なお天皇は必要だ、と言っていることになるからだ。あらためて問いを繰り返そう。なぜ必要なのか。

2　上から目線で

II—3で述べたように、承久の乱の後、天皇の交替は、幕府の意向に沿うものになった。幕府の承認なしに、朝廷方で勝手に、新天皇を決定することができなくなったのだ。それからず

＊18　本郷和人『上皇の日本史』二一八〜二二二頁。

っとときを下り、江戸時代においては、幕府の朝廷・公家に対する優位はさらに大きくなり、圧倒的なものになる。幕府は、いわば「上から目線」で、朝廷・公家を支配し、教導しているようにすら見える。

たとえば、江戸幕府は、一六一五年に、禁中並公家諸法度を制定する。幕府が決定した法によって、天皇や公家がなすべきことが、そしてまた武家と天皇・公家との関係が規定された、ということである。「禁中」というのは、御所（皇居）のことで、そこから転じて「天皇」を指す。全部で十七条からなるこの法の第一条では、天皇の任務がこう定められる。「天子諸藝能之事、第一御學問也」と。つまり、天皇に、主に学問（だけ）をせよ、勉強しなさい、と命令しているのだ。

江戸時代の初期には、幕府の天皇への優位を印象づけるエピソードがたくさんある。[*19] たとえば、東福門院《とうふくもんいん》和子《まさこ》の入内をめぐる騒動。この秀忠の娘を後水尾《ごみずのお》天皇の后とする、ということは、家康の命令によって決まっていたことだ。しかし入内が、家康の死去などの事情で延期されている間に、後水尾天皇が、御与津《およつ》御寮人なる女官との間に男児をもうけていたこと、そして御与津はさらに二人目の子を妊娠していたことが、発覚する。

これに、将軍・秀忠が激怒した。とはいえ、『源氏物語』を参照すればすぐにわかるように、この程度の「スキャンダル」は朝廷では日常茶飯事だったはずだ。しかし、秀忠は許さず、一六一九年に、御与津の兄・四辻季継《よつつじすえつぐ》をはじめとする六人の公卿を、流罪等の厳罰によって処分した。朝廷での出来事に対して幕府の介入を許してしまっていること、介入の対象になったことが些細な出来事に過ぎなかったこと、そして、罰せられた公家の身分が高かったこと、これらのことを考慮すると、この処分は、幕府に対して朝廷がいかに弱かったかを示している。

同じ後水尾天皇に関連することとして紫衣《しえ》事件は特に有名だ。もともと天皇には、「高僧」であることの証となる紫衣を授与する権限があった。問題にされたのは、後水尾天皇が、紫衣を大量に授与したことである。特に——もともと天皇・上皇に人事権が属していた天台・真言の僧侶はまだしも——将軍に任命権が属している禅宗の高僧にまで紫衣を与えたことが問題だったらしい。幕府は、一六二七年に、禁中並公家諸法度を根拠にして、天皇が発行した紫衣を無効にした。だが、これは正式な法に照らしても、また前例から判断しても、幕府の極端な越権行為である。禁中並公家諸法度は、紫衣の乱発を控えるようにとあるだけで、具体的に授与数の上限を定めているわけではないし、また、紫衣そのものは人事権とは独立のことなので、これまでも、天皇が、禅宗の僧侶に大師《だいし》号や紫衣を与えることはあった。

紫衣事件において、幕府は、天皇の勅許を公然と否定した。これは、幕府の方がより大きな権力をもち、天皇の権威に服してはいないことの、この上なくはっきりとした表現である。紫衣事件の二年後には、この決定を不服とした禅僧の沢庵らを、幕府は流罪にまでしている。

このように、武家勢力は天皇・公家を圧倒している。その気になれば、天皇・公家の決定を平気で覆したり、彼らの行動を規制することも可能だ。天皇は、何の役にもたたず、むしろと

*19　本郷和人『上皇の日本史』二五五〜二五七頁。

きどき不愉快なことだけを行っているのだとすれば、幕府は、どうして天皇を温存していたのか。天皇制そのものを廃止しても、これに抵抗することは天皇側にはできなかったはずだ。

3　恐慌時の貨幣のように

ところが、江戸幕府の最後の最後になって、突然、立場が逆転する。この武家政権は、天皇の名のもとで戦う勢力によって、倒されるのだ。それまで、平気で天皇を指導し、天皇の意志を拘束してきた幕府が、急に、天皇の名のもとに発せられている命令を拒否することができなくなった。劣勢を自覚した幕府は、あわてて、もらった覚えもない「大政」（政治を執り行う権限）を天皇に奉還し、恭順の意志を示そうとした。[*20]が、うまくいかず、江戸幕府は、朝敵として倒されてしまう。

江戸時代の末期に、突如として、天皇の権威が回帰してきたように見える。どうして、それまで好き勝手なことをやっていた幕府が、このときには、天皇の決定を覆し、逆に天皇を排除することができなかったのか。天皇は――天皇の名を掲げた勢力は――、武家政権の存続を許さなかった。幕府が圧倒的に優位だったときに、幕府は、朝廷と公家の存続を許したのに。

幕末における、天皇の権威の回帰は、マルクスが金融恐慌に関して述べていることを連想させる。マルクスは、こう書いている。

……貨幣は、突然、媒介なしに、計算貨幣というただ単に観念的な姿から堅い貨幣〔硬貨〕に一変する。それは、卑俗な商品では代わることができないものになる。商品の使用価値は無価値になり、商品の価値はそれ自身の価値形態の前に影を失う。たったいままで、ブルジョアは、繁栄に酔い開花を自負して、貨幣などは空虚な妄想だと断言していた。商品こそは貨幣だ、と。いまや世界市場には、ただ貨幣だけが商品だ！という声が響きわたる。鹿が清水を求めて鳴くように、彼の魂は貨幣を、この唯一の富〔である貨幣〕を求めて叫ぶ。[*21]

ブルジョワは普段は、貨幣は商品を得るための道具でしかない、と貨幣をバカにしている。ほんとうに大事なのは商品であって、貨幣の価値など空虚な妄想だ、と。ところが、恐慌のときには、ブルジョワの態度は急変し、普段とは正反対になる。貨幣こそが唯一の富、唯一の価値の源泉であるかのように、貨幣を求めるのだ。これと似たことが、幕末の危機の中で起きている。それまで、武士たちは、真に重要な公儀は幕府であって、天皇や朝廷を、その道具や操り人形のようなものとして遇していた。それなのに、幕末のあるとき、突然、天皇だけが、唯一、帰依に価する者となり、幕府は捨てても構わぬものへと転換した。

*20　大政奉還という設定は、実に奇妙だ。徳川家康は、天皇から大政をもらったわけではなく、自らの実力で、天下を統一したからだ。もらってもいないものを返すことがどうしてできるのか。

*21　カール・マルクス『資本論』第一分冊、岡崎次郎訳、大月書店、一九七二年、二四二頁。

マルクスが真に言わんとしていることは、さらに先がある。『資本論』を通じて述べられていることは、ブルジョワは、貨幣を嘲笑的に扱い、ただの便宜上の道具にすぎないと述べていたときにさえも、実は、そうとは自覚することなく、貨幣を物神化していた、ということである。同じことは武士にも言える。武士は、天皇に対して侮蔑的にふるまっているときにも、なお、ある意味では、天皇に拝跪してもいるのだ。が、もちろん、これは解答にはならない。「ある意味では」とはどんな意味なのか。天皇を軽視する態度とそれに従属する態度との共存、この一見矛盾を孕むねじれはどのようにして生じているのか。

いずれにせよ、武士が、幕末の危機のときだけではなく、日常の範囲でも、天皇に呪縛されていたということ、天皇の物神性の支配のもとにあったということを示す事実は、かんたんに見つけることができる。たとえば、大岡越前守忠相《おおおかえちぜんのかみただすけ》。時代劇で、われわれは彼を江戸南町奉行として知っているのだが、彼は同時に、越前の大名だったのか？　違う、彼は旗本（徳川将軍直属の家臣団）である。赤穂事件で切腹させられた浅野長矩《ながのり》は、浅野内匠頭《たくみのかみ》として知られているが、赤穂藩主のほかに、大工仕事のようなものに関与していたのか。これも違う。「越前守」や「内匠頭」は、いわゆる官職であり、それはいかなる実質的な仕事もともなわないただの記号である。こうした官位（官職と官位）は、禁裏＝天皇からもらう――天皇からもらわなければ官位ではない。江戸時代において、武士が官位を受けるには、幕府の許可が必要だったが、いずれにせよ、天皇から授与されるという形式は維持されていた。官位が付与されても、何の権利も義務も生じず、いかなる使命も与えられない。しかし、武士たちは、どんなに天皇をバカにしているようでも、この空虚な官位を欲しがった。ということは、ある意味で、天皇からの承認が必要だったということになるわけだが、なぜそんなものが必要なのか。考えてみれば、幕府の頂点である「征夷大将軍」もまた、その種の官職のひとつである。

4　権門体制論

われわれの議論は、エピソード的に話題を拾いながら、一挙に近世の末期にまで及んでしまった。あらためて体系的に論を進める必要がある。が、その前に、われわれが説明すべきことがらの焦点となっている中世の武家政権と朝廷との関係を、歴史学者たちがどのように説明してきたのかを振り返っておこう。歴史学者が唱えてきた主要な説は二つである。

第一は、黒田俊雄が一九六〇年代から七〇年代にかけて唱えた「権門体制論」[*22]。これは、「権門」と呼びうる諸勢力が、対立・競合しながらも相互補完関係を保ちながら、天皇と朝廷を中心とした国家体制を構築していた、とする説である。権門とは、それぞれ独自の権力をもつ勢力である。まずは、公家、寺家、武家の三つの権門が、政治においてそれぞれ固有の機能を分担していた、とされる。

公家は、藤原摂関家を中心とした、古代以来の貴族を構成員としており、朝廷に参加する。寺家は、興福寺や比叡山などのことを指す。つまりそれは、天台宗や真言宗の大寺による権門

＊22　黒田俊雄『日本中世の国家と宗教』岩波書店、一九七五年。

であり、その構成員は僧侶である。武家は、将軍を中心とする御家人制を用いており、構成員は武士で、幕府を運営している。それぞれの権門が分担する機能は、次のようになる。

公家……行政
寺家……祭祀
武家……軍事

これらの権門は利害が対立し、武力（兵力）を有していた。それにもかかわらず、最終的に相互補完の調和をもつのは、これら三つに加えて、もうひとつ権門があり、それが諸権門の利害を調整し、諸権門を統合する中心としての機能を果たしたからである。もうひとつの権門とは王家であり、その代表が天皇だ。天皇は「諸権門の頂点にたつ国王としてときには形式上、ときには実際上の権力者」だった、というのが黒田の認定だ。それゆえ、天皇と朝廷が、国家の中心だったとされる。

黒田によれば、権門体制は三段階に区分できる。院政の時代が成立期にあたり、幕府と朝廷が並びたっていた鎌倉期がいわば全盛期であり、そして室町期が衰退期になる。室町期が衰退期とされるのは、室町幕府のもとでは公家と武家とが癒着してしまうからである。権門体制という概念を使うと、日本の国家体制の歴史がわかりやすく整理される。前近代の日本には、大きく三つの国家体制があった、ということになる。①律令制と②権門体制と③幕藩体制である。

そして、①と②の過渡期が摂関政治期であり、②と③の過渡期が戦国期である。したがって、日本の国家体制の変遷は、

律令制→（摂関政治期）→権門体制→（戦国期）→幕藩体制

と整理することができる。

権門体制論は、このようにたいへん便利な説だが、理論的には、明らかな問題点を含んでいる。権門体制論の鍵概念は、「相互補完」である。問題は、しかし、その相互補完性がいかにして可能だったか、にある。相互補完を保証しているのが天皇だが、もしこの説を受け入れるとすると、天皇になぜそんなことが可能だったのかということが問われなくてはならない。天皇は、これまで述べてきたように、実効的な権力に関しても、またその裏付けとなる武力に関しても、きわめて貧弱だったのだから。王家も、またそれをささえた公家も、ほとんど武力をもたない。というより、彼らの武力は、武家からの借り物だ。とすれば、もし王家が、武家を含む諸権門の上にたつ権力をもっていたとするならば、まさにそのことこそが、最大の謎、最大の逆説である。王家のその権力を可能にしているのは、その権力に従属していることになる武家の武力だということになるからだ。そうであるとすれば、権門体制論は、説明されるべき最も重要な謎をそのまま放置した上で、実態を記述しているだけだ、ということになる。

四つの権門の間の調和的な相互依存は――仮にそのようなものがあったとして――、意識

的に設計された制度ではなく、自然発生的に生まれたものである。そうであるとすれば、それらの関係が体制＝システムとしてあることをはじめから前提にして説明すべきではなく、まさに、それがいかにして体制となったかこそが説明されねばなるまい。

実際、中世には、「体制」と解すべき政治権力は存在しなかった、とする批判は歴史学者からも出されている。すなわち、中世には、末端の民衆にまで統治の効果が及ぶようなシステム、近代の主権国家を連想させるようなシステムは存在しなかった、というのだ。戦前にあってすでに、清水三男が、在地には在地のルールや習慣があって、中央政府とはほぼ無縁の生活が送られていた、と論じていた。石井進は、権門体制論が、日本列島の大半を覆う単一の国家が存在していることを前提にしてつくられていることを批判している。そのような国家の存在自体が疑わしい以上、権門体制論は成り立たない、と。

5　東国国家論

中世における武家政権と朝廷との関係を捉える、もうひとつの歴史学説は、鎌倉幕府による東国経営を独自の国家もしくは王権として理解する説である。佐藤進一が一九八三年に提唱した、「東国国家論」がこの系列の学説の嚆矢《こうし》である。[*23] 天皇を頂点におく朝廷と将軍を頂点におく幕府は、それぞれ独立の国家の政府だということになる。

佐藤はこう述べている。「幕府と王朝の関係は、相互依存から相互不干渉・自立へと変化する」と。「相互依存」という表現は、権門体制論を暗示したものだろう。つまり、鎌倉幕府の初期の段階では、権門体制論が成り立つやにみえる状況があったが、幕府と朝廷は、やがてそれぞれ自立し、相手に干渉しなくなる、というわけである。

東国国家論は、五味文彦の「二つの王権論」へと引き継がれていく。つまり、京の王権と鎌倉の王権が並存する、というわけである。「国家」という概念を「王権」に置き換えたのは、「それは国家なのか」という不毛な論争を避けるためであろう。何であれ、「王」と見なしうるものとの間に支配－服従の関係が成り立っていれば王権なので、この概念は「国家」よりも自由に使用することができる。実際にも、たとえば将軍の儀式的な扱いや特権は、しばしば、王としての天皇とまったく同じなので、将軍をもうひとりの「王」と見なすことには無理がない。[*24]「二つの王権論」は、東の王と西の王との関係を理論的に説明することよりも、両者について実証的に記述することに主たる力を注いでいるように見える。[*25]

＊23　佐藤進一『日本の中世国家』岩波書店、一九八三年。

＊24　たとえば、日食・月食のときには、妖光のケガレから天皇を守るために、御所はむしろで包まれる。このようなことは、摂政・関白の邸宅ではなされないので、この処置は明らかに「王」のためのものである。そして、将軍の御所もまた、日食・月食のときに、むしろで覆われるのだ。とすると、将軍は王と同格ということになる。あるいは、「殺生禁断令」を出したり、「狩猟」をしたりするのは、王（天皇）の特権だが、この同じ特権を将軍ももった。

＊25　五味文彦編『京・鎌倉の王権』吉川弘文館、二〇〇三年。本郷恵子『京・鎌倉　ふたつの王権』小学館、二〇〇八年。

いずれにせよ、東国国家論―二つの王権論には、権門体制論とはまったく逆の問題がある。東の国家・王権と西の国家・王権が、相互不干渉で無関係とは、とうてい言えないからである。そもそも、承久の乱からして、朝廷側の幕府への、これ以上ありえないほどの介入の試み――幕府のリーダーの追討をねらう――の結果であった。承久の乱の後には、幕府の意向に反する天皇の後継は不可能になった、ということは先に述べた通りである（たとえば、四条天皇が幼くして急死したとき、多くの貴族は、忠成王の登極を望んだが、後鳥羽嫡流の復活を嫌った幕府によって阻止され、ほとんど忘れられていた邦仁王――土御門上皇の皇子――が後嵯峨天皇として即位する運びとなった）。

後嵯峨上皇の没後のいわゆる両統迭立も、幕府の朝廷への容喙《ようかい》の結果だと考えねばならない、と本郷和人は述べている。[*26] 後嵯峨上皇が後継者について遺言せずに亡くなったため、後深草上皇の系列（持明院統）と亀山天皇の系列（大覚寺統）とが、皇位の争奪を繰り返すことになった。これがのちの南北朝の原因になった両統迭立だ。兄弟で皇位を争うこと自体はよくあることだが、一般には、最初に勝者になった側がライバルを徹底して冷遇し、皇統を独占する。ところが、このときには、どちらも完全な勝利者にはなれず、どちらからも天皇になるものが出た。そうなったのは、天皇より強い、あるいは天皇や朝廷の意思決定に影響を及ぼしうる第三者がいたからである。その第三者は幕府である。幕府にとっては、皇統が統一されることで強固になるより、複数の皇統が互いに牽制しあっていた方が、天皇権力が弱くなり都合がよかったのだ、と本郷は説明している。

このように、鎌倉幕府と朝廷は、相互に不干渉どころではない。まして、われわれの関心の対象は、中世における「天皇と武士の関係」だけではなく、近世のそれも含む上に、究極的には、天皇制の全般に孕まれるX－P関係そのものにある。近世に関しては、西の国家・王権と東の国家・王権が相互に干渉しあうことなく自立していた、という記述はますます不適切なものになる。

中世の国家・王権を把握しようとする、二つの代表的な歴史学説を見てきた。述べてきたように、どちらの説にも問題がある。天皇・公家と武士との間の関係には、根本的な両義性がある。二つの説は、結局、その両義性のどちらか一方のみを強調し、取り出したものだったと見なすことができる。一方では、武家は天皇（王家）の権威を認め、それに従属しているように見える。こちらの方を強調し、純化するならば、権門体制論が得られるだろう。しかし、他方では、武家は、実力と権力において天皇・朝廷を凌駕しているのだが、それにもかかわらず、天皇・朝廷を温存しているように見える。こちらの側面を重視するならば、幕府と朝廷は、互いに強くは干渉しようとしない、おおむね自立した政府か王権のように見えてくるので、東国国家論や二つの王権論が導かれるだろう。

結局、われわれは今のところ、これら二つの側面を同時に捉える概念をまだもってはいない。言い換えれば、一見、互いに矛盾しているように見える二側面をともに視野に収めるためには、

＊26　本郷和人『武士とはなにか　中世の王権を読み解く』角川ソフィア文庫、二〇一三年、二二一～二二四頁。

何か新しい概念が必要だ。今まで、日本史学の中に導入されたことがなかったような新しい概念が、である。

V　武士の起源

1　武士を定義する二つの条件

どうして武士は、天皇制を廃棄できなかったのか。それは、武士がまさに武士であるということ、武士としてのアイデンティティにとって、天皇の存在が不可欠の要因になっていたからではないか。武士が武士であるためには、いかに嘲笑的に遇していようと、なお天皇の存在が必要だったからではないか。しかし、仮にそうだとして、それはいかなる意味でなのか。

そもそも武士とは何であろうか。ここまで、武士なるものを自明の前提にして論じてきたが、武士をあらためて定義しておこう。日本史の中で、武士として認定される者は、どのような条件を満たしているのか。武士と見なされるための条件は二つある。

第一に、武士は戦闘者である。これは、当然ながら、最も重要な条件だ。ただし、その戦い方、その武具は限定される。「武士らしい」と見なされるための武器があるのだ。たとえば戦国時代の後期には「鉄砲」が日本に入ってきて、戦闘の勝敗を決する重要な要因となるが、鉄砲は武士らしい武器、武士の威信と結びついた武器とは見なされていない。武士は、しばしば「刀」

と結びつけられる。だが、本来的には、武士にとって最も重要な武器は、弓馬である。たとえば武士のイエは、「弓馬の家」と呼ばれ、武士は自分のことを「弓馬（弓矢）の士」と呼び、その生き方を「弓馬（弓矢）の道」という。つまり、武士とは、弓を使う者、とりわけ馬に乗りながら弓矢を射る者のことだ。[*27] これはかなりの技術である。

弓で戦えばすべて武士かと言えば、そうではない。何のために戦うのかということにかかわる第二の条件がある。武士は領主である。それゆえ武士は、究極的には、土地のために戦っている。自らの土地を維持すること、あるいは自らの土地を拡張することが、武士の戦闘の最終的な目的である。

しかし、これらの二条件からすぐに、武士が天皇を――しばしば嘲弄しつつも――完全には否定できなかった理由を導き出すことができるわけではない。このような条件、武士たるものの条件がどのようにして生まれてきたのかを、いわばこの条件の歴史的な成り立ちをまずは知る必要がある。武士はどこから出てきたのか。武士の起源は何なのか。武士は何に由来するのか。

武士は、どこで、どのようにして生まれたのか、実はよくわかってはいない。いつ誕生した

＊27　細かいことだが、専門家によると、「弓馬」は法律用語（律令にある用語）なので、厳密に定義されている。それは「弓術と馬術」のことではなく、「歩射と騎射」のことを指す。ただ馬に乗るだけでは、武士ではない。

のか、ということについては、文献での出現時期から、漠然とした範囲として推定することができる。たとえば、平将門の乱は、十世紀の前半（九三九－九四〇年）だから、武士はそれより前に誕生していたことになる。武士が誕生したのは、九世紀末から十世紀初頭ではないか、とされている。最初の武士政権（鎌倉幕府）の登場より三世紀ほど前だったことになる。ということは、京都の政治との関係では、摂関政治の初期の段階、摂関政治が常態化し始めた時期に対応している。

しかし、最初から武士は「武士」と呼ばれていたわけではない。初期の最も普通の呼び名は「兵《つわもの》」である。院政期でも、「武士」よりも「武者《むしゃ》」の方が一般的な呼称だった。だが、やがて、「武士」が最も広く用いられる名となった。どうして、「武士」が普及したのか。どうして、武士は、とりわけ「武士」を好んだのか。

「武士」という呼称を、先に定義したような武士を指して最初に使ったのは、宇多天皇だとされている[*28]。宇多天皇は九世紀末の天皇なので、武士が誕生して間もない頃に、この名前は発明されていたことになる。宇多は、この名前をどこから取ってきたのか。宇多天皇は、最高の儒学者・菅原道眞を重用したことで知られている。武士は、儒学の「礼」思想をもとにつくられたと考えられている。「礼」思想の理想は、古代中国の周王朝の制度である。周は、「王・公・卿《けい》・大夫《たいふ》・士」の五段階の身分秩序をもっていた。「武士」はここから来ている。

ということは、武士は、身分の序列の最低ランクに見立てられ、ひどく侮蔑的な扱いを受けたと思われるかもしれないが、そうではない。この五段階は、「臣」の序列であって、それゆえ、この中に入るということは、「民」より上ということを意味し、威信はそれなりに高い。臣とは、王に仕える階級――それゆえ俸禄を受ける階級――であり、民は、俸禄を受けずに自活する者である。

では、中国でいう「士」と日本の武士は同じような職務を担っていたのか、というと、違う。まったく違うのだ。中国の「臣」はすべて文人であり、「士」は下級官僚に対応する。日本の武士と古代中国の士は、似ても似つかないのに、武士は、他の名よりも「武士」と呼ばれることを好んだのだ。古代・中世の日本では、この「礼」の身分秩序を、日本の実情に合わせて読み換えていたのだが（たとえば中国では王から国土を分与され国を建てるほどの諸侯を指している「公」は日本でいう大臣で、中国では王や公に仕える最上層の臣である「卿」は三位《さんみ》以上の貴族にあたる、等と）、士は六位以下の廷臣にあたるとされている。ということは、武士は、下級貴族のさらに下、下級貴族の直下に相当するとされたわけだ。*29

2　将種は武士ではない

さて、武士の起源は何か。武士はどこから出てきたのか。教科書にも書かれていたかつての

*28　宇多天皇が、息子の醍醐天皇に残した教訓集『寛平御遺誡《かんぴょうのごゆいかい》』にこの語が登場する。
*29　「武士」という名前と「礼」思想の関係については、以下に基づく。桃崎有一郎『武士の起源を解きあかす　混血する古代、創発される中世』ちくま新書、二〇一八年、三八頁、三一六～三一七頁。

通説は、武士は武装した地方の開発領主だ、というものだ。荒野を開墾し、自分のものにした領主が、その土地を守るために武装した、というわけだ。しかし、この説をそのまま受け入れている専門家は、今ではほとんどいない。このかつての通説に説得力がないことは、少し考えてみればすぐにわかる。武士を定義する要件のひとつは弓馬術だった。しかし、この技術は、農民が片手間に武装しただけで使いこなせるものではない。武士の本態が開発領主だったとする説は、今日では斥けられている。しかし、だからといって、これにとって代わる通説があるわけでもない。

武士が開発領主だとする説は、武士の誕生の地を、都から離れた地方、たとえば坂東（関東）に見ていた。この説が成り立たないのだとすれば、武士の由来をまったく逆の地点に求めるべきかもしれない。つまり、都に、である。

実際、高橋昌明は、武士は都（西国）で生まれた、という説を唱えている。[*30] 高橋によると、武士の起源は朝廷にある。というか、高橋説は、武士の源泉をもっと精密に特定している。武士は衛府から出てきたのだ、と。これによると、東国の武士は、朝廷由来の武士をただ模倣しただけの二次的な派生物だった、ということになる。武士の正統が衛府にあるとする仮説を支持する状況証拠的な事実もある。たとえば、武士が身につけた道具類。大鎧、弓、箙《えびら》（矢の収納器具）などの武具のデザインが京風に洗練されている。彼らが近衛府や朝廷の美的趣味を「カッコイイ」と見なしており、都会風のそうした武具を使いこなし、着こなせるだけの洗練された立ち居振る舞いを身につけていたことがわかる。

だが、武士の衛府起源説は、有無を言わせぬ証拠によって裏付けられているわけではない。具体的に武士の系譜を遡りながら、その起点が衛府にあるという事実が、示されているわけではないのだ。衛府とは、宮中の警護にあたるガードマンである。いくつかの事実から総合して考えれば、武士が衛府から出てきたという説は、成り立たない。たとえば平安初期の漢学者・三善清行が九一四年に――つまりまさに武士が生まれつつあった頃に――提出した意見書には、衛府の舎人《とねり》が、仕事をしないどころか、実際には京に滞在すらしておらず、危急のときにとうてい役立たない、と書いてあるという。舎人は、地方の有力豪族から集められているのだが、彼らは「肩書き」だけをもらい、上京さえしていないのだ。このように形骸化していた衛府から武士が出てきたとは思えない。[*31] のちに衛府に武士がたくさん入るが、それは、すでに存在している武士を衛府に採用したからであって、衛府の官人が武士になったわけではない。

そもそも、もし武士が朝廷から直接発生したということを認めたとしても、そのピンポイントの源泉として指定された「衛府」は、武士の源泉としては、あまりにもマイナーな部署ではないか。朝廷の中に、武士の起源となりえそうなもっと大きな集団や部門はないのか。たとえば、かつては――平安初期までは――、朝廷には直属の「軍隊」のようなものがあった。つまり、武芸によって仕えた朝廷直属の臣下がいた。こうした武人の系譜を「将種《しょうしゅ》」あるいは「将家《しょうか》」

＊30　高橋昌明『武士の日本史』岩波新書、二〇一八年。
＊31　桃崎『武士の起源を解きあかす』一九三頁、三〇二頁。

と呼ぶ。平安中期以降は朝廷は軍隊をもたなくなるわけだが――武士が朝廷にとっての軍隊の代わりになったと言えなくもないわけだが[*32]――、もし朝廷のどこかから武士が発生したとするならば、将種こそがそれにふさわしいだろう。実際はどうなのか。

最も有名な将種は坂上《さかのうえ》氏である。坂上田村麻呂こそは、最初の征夷大将軍だ（七九七年）。しかも、このときの「征夷大将軍」は、後の（武士の）それとは違って、文字通りの職務を指している。すなわち、蝦夷《えみし》を追討するために派遣された遠征軍の指揮官を、である。田村麻呂は、蝦夷の族長・阿弖流為《アテルイ》を降伏させ、征夷大将軍として傑出した武功をあげた（八〇二年）。もし武士が朝廷から発生したとすれば、このような将種こそ源泉となってしかるべきだっただろう。ところが、実際にはそうはなっていない。将種の末裔、坂上氏の末裔は、どう見ても、中心的な武士とは言えない。どうして、将種から武士が生まれなかったのか。

いや、そもそもこう問うべきである。坂上田村麻呂はどうして武士ではないのか。彼が有能な武人であったことはまちがいない。しかし、武士と見なされてはいない。実際、後に活躍した武士たちと系譜的に強いつながりをもってはいない。どうして坂上田村麻呂が最初の武士とはされないのか。

3　荘園公領制

ここからあらためて気づく。武士が武士であるためには、まず最も基本的な前提として、天皇（朝廷）から一定の独立性をもっていなければならない、ということにである。天皇に最初から直接的に臣従している者は、武士ではないのだ。坂上氏のような将種が、武人としていくら有能であっても武士ではないのは、将種は、天皇の直接の臣下だったからだ。武士は、まずは、天皇からある程度独立していなくてはならない。少なくとも、最初から直接の臣下であってはならない。とはいえ――繰り返し確認しておけば――地方の開発領主が、朝廷とはまったく独立に武装して武士になった、と見なすこともできない。では、どう考えればよいのか。

私は、桃崎有一郎が『武士の起源を解きあかす』で唱えていることが、基本的なところで正しいのではないか、と考えている。桃崎は、武士となった者たちの源流を個別に愚直なまでに律儀にたどり、どの瞬間に武士が出現したのかを丹念に調べたうえで、自説を提起しているか

*32 もし物理的暴力（軍事力）の独占を国家の不可欠な条件のひとつと見なすなら、天皇を中心にする西の王権は国家ではない、ということになる。本郷恵子は、鎌倉幕府成立から間もない一二〇一年に、皇女が斎宮として伊勢神宮に下る斎宮群行のための「費用」を、臨時の税として徴収するにあたって、その徴収の仕事をあっさりと、幕府配下の武士に丸投げしてしまう朝廷の無頓着ぶりを記している（『京・鎌倉　ふたつの王権』小学館、二〇〇八年、三二〜三三頁）。朝廷の臣下が直接税を徴収せず、幕府配下の武士が徴収するのは、荘民たちが税負担を嫌い、武力で抵抗する可能性があるからだ。朝廷は、そうした抵抗を鎮圧する武力をもたなかった。税の徴収権とか、抵抗者への物理的暴力の行使とか、国家にとって最も重要な機能すら果たせず放棄してしまうのであれば、西の王権は、東の王権の属国のようなものである。どうして東の王権は、西の王権の要求を受け入れ、逆に自分たちの方が属国であるかのようにふるまうのだろうか。これは、われわれが繰り返し提起してきた疑問の言い換えである。

らである。結論を先に紹介しておけば、こうなる。武士は、「王臣子孫」と「伝統的現地豪族」の合成によって（摂関時代の平安期に）生まれた、と。伝統的現地豪族とは、地元の実力者であり、「郡司」などに任命されるのは彼らである。古代の国造《くにのみやつこ》の末裔でもある。王臣家とは、皇族や貴族[*33]のことである。伝統的現地豪族は、地方の「卑姓」だが、王臣子孫は、都や朝廷と結びついた「貴姓」である。両者が合成されて武士が生まれる。桃崎に従って、もう少し具体的に説明しよう。

桃崎の説を解説するに先立って、前提となる事実を確認しておかねばならない。発端は、律令の公地公民の原則を打ち破った墾田永年私財法（七四三年）にある、と言ってよいだろう。公地公民とは、すべての土地と人民は天皇のものだとする制度である。公地公民制のもとでは、しかし、農民は怠けるばかりで、土地の開墾も進まない。どうせ、公地公民の名のもとに収奪される（収穫は税として取られてしまう）からだ。開墾へのインセンティヴをつくるために、墾田永年私財法――自らが開発した墾田に対しては永年私有を許す――が導入された。が、これが意図せざる結果として、荘園を――厳密に言えば荘園公領制を――もたらした、ということはよく知られていることだろう。

荘園公領制が生まれるメカニズムは、次のように要約できる。現地の有力者が墾田を開発すれば、建前上は、国衙《こくが》（国司）から、私有の権利が認められることになってはいるのだが、この権利は危うく、いつでも難癖をつけられ奪われうるものだった。そこで、土地を開発した現地の有力者は、その土地を、都から現地に赴任してきている貴族（下級貴族）――「受領《ずりょう》」と呼ばれる——に寄進する、という形式をとる（そして自らは荘官として荘民である下層の農民を監督する立場を得る）。これで少しばかり権威のある者の土地ということになるので、私有権がいくぶんか安定化する。とはいえ、現地に赴任してきている貴族の実力などたいしたことはないので、国司の介入を完全には防ぐことができない（彼らは、国司と同格の貴族なので）。そこで、その下級貴族は、寄進された土地をさらに、都にいる大貴族（摂関家）や皇族や大寺院に寄進する、という形式をとる。ここまでやると、その土地（荘園）への国司の介入は不可能になる。国司がやってきても、摂関家や皇族が発行した（国司宛の）通達書を提示すれば、国司は、摂関家や皇族の権勢を恐れて手出しができなくなる、というわけだ。

　こうすると、ひとつの土地に対する所有権は重層的に設定されることになる。土地（荘園）に密着したところには、荘官などを請け負う在地領主がいる。その上位には、「領家」と呼ばれる中級貴族や寺社がいて、さらに上位には、「本家」と呼ばれる大貴族や大寺社が控えている、というわけだ。所有権のこの重層構造を「職《しき》の体系」と呼ぶ。各レベルの権限を「職」と呼ぶからである（下から「下司《げす》職」「領家職」「本家職」）。この構図の中に、王臣家が登場していることに注意しておこう。この荘園の寄進先として、とりわけ最終的な寄進先である本家として、である。職の体系と厳密に同型的な重層構造が公領の側にもある（「郡司」「国司」「朝廷」）。網野善彦は、それゆえ、これを「荘園公領制」と呼んだ。

＊33　三位以上の純粋な貴族と、五位以上の準貴族の両方を含む。

荘園……下司職　→　領家職　→　本家職

公領……郡司　→　国司　→　朝廷

本郷和人は、職の体系を、「みんなでよってたかって」所有権を保証しようとしているかのようだ、と表現している。誰ひとりとして、排他的に土地を領有することができない。いわば、土地は、自分のもとに繋ぎとめておくことがはなはだしく難しい暴れ馬のようなものだ。自分だけでは抑え込むことができない在地領主は、領家職の貴族に助けてもらう。上からさらに抑さえ込んでもらうのだ。しかし、まだ抑えがきかない。最後に、本家職の摂関家や皇族に援助してもらう。ここでやっと、所有権が少し安定する。

このように、荘園公領制は、在地の領主層が、（律令の公地公民制によって課せられた）天皇への税から逃れようとした結果として生まれたものである。天皇に収奪されたくはない、というわけである。しかし、すぐにわかるように、彼らは、税一般から逃れられているわけではない。朝廷の代わりに、王臣家や寺社に税を納めていることになるからだ。朝廷に収奪されるのを避けるために、もう少しましな――搾取の程度が小さい――王臣家に収奪してもらっている、という構成である。日本の中世の在地領主層は、アメリカの独立革命のときのボストン植民地の人民のように、「われわれは課税される謂れはない（代表なくして課税なし）」とまでは言わないが――言えない。課税されること――収奪されること――を、仕方がないこととして受け入れている。

4　牛乳（現地豪族）に乳酸菌（王臣子孫）

ここまでは通説の確認で、桃崎の説はまだ入っていない。ここから、桃崎の説明を要約的に紹介しつつ、具体性を加えていこう。

農民は、朝廷にか、王臣家や大寺社にか、どちらにしても納税しなくてはならない。朝廷や本家への納税にあたっては、「税」を実際に、誰かが地方から京へと運搬しなくてはならない。その仕事は誰に課せられるのか。（公領だったら郡司などに任命されるような）伝統的現地豪族こそ、その仕事を強いられた。問題は、無事に運搬できたか、である。運搬の途中で群盗に襲われる可能性は非常に高かった。たとえば、街道や港には、「強雇《ごうこ》」する集団が跋扈していた。強雇とは、調（絹・布などの税として納入される繊維製品）を運ぶ馬や、官米（朝廷に納める米）を運漕する船を待ち受け、馬・船の上の人を引きずり下ろし、荷物も刀で切り落とし、馬・船をもち去ることである。

運搬途上に、納税されるべき物を失ったら、どうするのか。誰の責任になるのか。その責任は、結局、運搬の仕事を課せられていた現地豪族に帰せられた。悪いのは現地豪族だ、と。だから、現地豪族にとって、運搬は避けたい仕事である。首尾よく完遂させることが困難な仕事を与えられ、しかも失敗したら厳しく叱責され、責任を取らされるのだから。運搬の仕事は、没落の原因となりうる危険な仕事だ。ところで、誰が強盗を働いているのか。強盗もまた、同じ現地豪族である。奪う者も奪われる者も同じ階級に属している。いわば、運送業者が強盗を兼ねているような状況である。現地豪族からすれば、自らも強盗として奪う側に（も）入ることで、運搬の業務はやっと何とか割に合う仕事になったのだ。

納税は、現地の農民の観点からは収奪である。そう考えれば、運搬途上に税を強奪されたとしても、ある意味では、同じことである。公認の強奪なのか、非公認の強奪なのか、の違いに過ぎない、と言えなくはない。

いずれにせよ、群盗から自らの納税品を守るために、あるいは自ら組織だった群盗になるためにも、武装した弓馬の使い手でもある現地豪族が、王臣子孫のもとに集まることになる。先に述べたように、王臣家とは、皇族や貴族のことである。王臣家の子孫が王臣子孫だ。王臣家は、現地豪族にとって、本来は、荘園の寄進先である。

やがて、王臣子孫の中には、国司等として地方に赴任したあと、そのままその地方に（何代も）留住する者が出てくる。というのも、王臣子孫にとっても、地方に根をおろすことが利益につながっていたからだ。朝廷の官僚制の中で、必然的に、ろくな官職が得られない落ちこぼれが出てくる。左大臣になったからといって、終身で左大臣でいられるわけではないし、左大臣の息子だからといって、左大臣にまで昇進できる保証もない。落ちこぼれの貴族は、国司等として地方に赴任させられることが多かった。そのような貴族は、任期を終えても、地方に留まろうとした。都で無官職でいるより、地方にいて、直接の収奪を続けた方が、裕福になることができたからである。同じことは、皇族にも言えた。天皇の兄弟や息子はあまりにも多い。全員が親王になることができたわけではなく、まして天皇になるのはごく一部である。天皇になる希望がまったくないのであれば、むしろ、臣籍に降下し、地方にくだり、そこで富を蓄えた方がよい。

　このように地方に留住するようになった王臣子孫と武装した現地豪族との間で主従の関係が結ばれるようになる。その主従関係は、イエ型の組織（後論）へと発展する。これこそ、武士の原型である（そしてすぐに気づくように、群盗は王臣子孫の家人《けにん》だった）。

　とりわけ現地豪族は、自分たちの女を王臣子孫と結婚させることで、つまり婚姻関係によって王臣子孫と強く結びつこうとした。この婚姻は、王臣子孫にとっても、現地豪族にとっても価値があった（王臣子孫は、地方の実力者の後ろ盾を得たし、現地豪族は、高貴な「血」を導入することができた）。このようにして地方に定着し、自らも武装して武士化した王臣子孫には、摂関家もいれば、臣籍に降下した皇族もいた。平将門の乱を鎮圧した藤原秀郷も、そのような王臣子孫のひとりである。各地に散在している平家や源氏は、もちろん、臣籍降下した皇族だ。武士団のリーダー、いわゆる武士の棟梁は、王臣子孫、しかも（臣籍降下した皇族等の）格の高い王臣子孫である。

　地方に根付いた王臣家は、武力と免罪特権によって、地方社会では誰もこれに介入できない権力者に成長する。奪いたいものは奪えるし、譲りたくないものは譲らずにすむ。王臣家はやがて、自らの勢力圏の中で、犯罪の認定から処罰まで勝手に行うようになる。王臣家は、警察と検察と裁判所を兼務する権力にまで成長し、ちょっとした地方政府、萌芽的な地方政府のようなものになるのだ。たとえば、乱に至る経緯を見ると、平将門は、やたらと紛争に介入し、仲裁しようとしていたことがわかる。つまり、彼は、坂東の裁判官のようにふるまっていた。武士のリーダーとして土着した王臣家としての本性が、ここには現れている。王臣家は、かつては略奪者（のリーダー）だったのだが、今や民事や刑事の裁判を取り仕切るまでになったのだ。もちろん、彼らの「司法的な判断」は、十分に公平なものだったとはとうてい言えず、私的な利害に著しく汚染されてはいたのだが。

桃崎有一郎によれば、武士は以上のようにして生まれた。したがって、「武士は、地方社会に中央の貴姓の血が振りかけられた結果発生した創発の産物として、地方で生まれ、中央と地方の双方の拠点を行き来しながら成長した」。これを桃崎は、発酵食品に喩えている。地方社会という大量の牛乳（現地豪族）に、王臣子孫という微量の乳酸菌を投入すると、武士というヨーグルトが生まれる、と[*34]。

5 対立する二つの「力」——天皇を中心に

武士の起源についての以上のような研究から、武士なるものの成り立ちについてどのような契機を導き出すことができるだろうか。重要なポイントは二つある。

第一に、武士なるものの基底にある存在様態が、遊動性にあるということ。王臣家人となる現地豪族は、租税の運漕に関わると同時に、そうした運搬途上の租税を強奪する群盗でもあった。彼らは馬（そしてときには船）を駆使しながら流浪し、強雇し、そして逮捕から逃れたのである。平安期の坂東では、「僦馬《しゅうば》の党」と呼ばれる「運送業者」兼「群盗」が出没していた。これは、武士以前の武士、原初の武士の姿をよく示している。僦馬の党が、貴姓の王臣子孫に率いられれば、完全な武士である。

遊動性を特徴としていたのは、豪族・家人だけではない。彼らの主人となった王臣子孫に関しても同様である。いや、王臣子孫こそ、より一層、遊動的であった。先述のように、王臣子孫は、赴任した土地の現地人ネットワークの中で、通婚関係等を通じて拠点をつくったのだが、有力な王臣子孫の場合、そうした拠点はひとつではなく、ときに数カ国にわたって散在していた。桃崎は、将門の乱の登場人物たちが、実に身軽に移動していた、と指摘している。将門自身を含む王臣子孫の武士たちは、京や坂東各地を転々とし、一カ所に縛られていた形跡がまったくない、と。将門が、敵対する相手である平貞盛と藤原為憲の所在を常陸の藤原一族に尋ねたときの返答は、「その身は浮雲の如し、飛び去り飛び来りて、宿る処定まらず」だったという。地方へとくだった王臣子孫も、定住せず、各地を遊動していたのである。

ところで、武士は領主だった。武士が土地に執着するのは、彼らが本来的には遊動的だからではないか。彼らが土地を欲する一因は、もちろん、土地が利益を生むことにあるが、しかし武士の領地への拘りには、シンプルな利害打算には還元できない過剰さがある。武士の領地への執着、領地を拡大することへの衝動は、彼らの本来的な遊動性の反面ではないだろうか。遊動する者こそ、拠点を、領地を必要とするからである。

＊34　桃崎『武士の起源を解きあかす』三一四、三一八頁。

あるいは次のように言ってもよい。武士の起源が、運搬する富を狙う、自ら自身も遊動する群盗のようなものだったとすれば、そしてそのような群盗が至るところにいたとすれば、彼らは、確実に「成果」を上げるために、地方から京へと移動する富を、できるだけ源流に近いところで奪おうとしたに違いない。そして、最終的には、富が生産されている土地そのものを支配しようとしただろう。そもそも、王臣子孫が都に住まず、地方へと下り、そこに留住するようになったのは、まさにこうした理由からである。ともあれ、ここで確認しておきたいことのポイントは、武士の領主としての性格を規定しているのは、武士の本源的な遊動性だということ、これである。

第二に、武士の成立においては、天皇を原点にした求心力と遠心力の両方が作用しており、両者が精妙なバランスをとっている。先に述べたように、いくら武具の使い手であったとしても、いかにすぐれた武人だったとしても、最初から天皇の直接の臣下であるような者は、武士ではない。その意味で、最も基底的な前提としては、武士には、天皇や朝廷の支配から逃れようとする遠心力が働いている。しかし、この遠心力だけからでは、武士は生まれない。武士を構成していた二つの要素のうち、貴姓の王臣子孫は「天皇への求心力」を、卑姓の現地豪族は「天皇からの遠心力」をそれぞれ代表している、と——第一次近似としては——言うことができるだろう。が、ていねいに見直せば、実態はもう少し複雑である。

どうして、現地豪族が王臣子孫のもとに集まり、王臣子孫を主人としたのかを思い起こしておこう。その最初の動機は、天皇への納税（天皇による収奪）から逃れたい、ということにあった。

律令制の原則からすれば、彼らには、天皇に対する納税の義務がある。しかし、王臣子孫に仕え、その私有地（荘園）にいる限りは、免税の特権をもつ（さらに付け加えれば、一部の王臣家人は、天皇に納められるべき租税を、運漕の途上で強奪していた）。その代わりに、現地豪族は、王臣家に税を納めることになる。言い換えれば、天皇に納めるべき租税が、王臣家に与えられているのだ。このとき、現地豪族も、そして王臣家も、自己の利益のために、天皇を完全に蔑ろにしている……ように見える。ということは、現地豪族の王臣子孫への従属においては、天皇の権威を相対化し、天皇から距離をとろうとする遠心力こそが働いている、と見なさなくてはならない。

が、その上で、やはり当然のことを確認しておかなくてはならない。「王臣子孫の従者であること」が社会的効力をもつのは――たとえば土地への国司の介入をはねつけるような社会的効力をもつのは――、王臣子孫が貴種だからである。それゆえ、この社会的効力は、最終的には、天皇の存在に依存している。貴種とは、天皇への社会的・血縁的な近さを意味しているからだ。それゆえ王臣子孫が己れの権勢を誇示するとき、あるいは現地豪族が、自分の主人である王臣子孫の権威をふりかざすとき、天皇へと向かう求心力が利いていると見なさなくてはならない。

　したがってまとめると、現地豪族の王臣子孫への関係の中には、天皇の「権威」を承認し、受け入れる（天皇への）求心力と、天皇の影響力と権力から離れようとする遠心力とが、同時に作用していることになる。そうだとすると、地方で（坂東で）武士が誕生したとき、京都では摂関政治が軌道に乗り始めていた、という事実の意味をあらためて考えなくてはならない。両者の同時代性は、偶然ではない。摂関政治は、Ⅱ―2で述べたように、X―P関係の最初の顕著な形態であった。X―P関係が出現するのは、天皇を基準にした求心力と遠心力がともに働いているからだ。一方では、天皇の「権威」を承認している（求心力）。他方では、天皇から距離をおいたところに――つまり摂関家に――実効的な権力の中心が置かれている（遠心力）。摂関政治を生み出したのと同じ力学が、地方で、武士を生み出していたのだ。

Ⅵ 「朝廷の中の幕府」から「幕府の中の朝廷」へ

1 朝廷の中の幕府

武士の誕生において二つの力が作用していた。二つの力の方向は正反対である。武家政権においても、この二つの力が働いているということ、両者の間の均衡がさまざまな形で崩れつつ政権の変動が起きているということ、これらのことを駆け足で示しておこう。

まず平家。平家がなそうとしたことは、言ってみれば、朝廷の中に幕府（武家政権）をつくることである[*35]。具体的に言えば、それは、既存の知行国制を流用することを意味する。もともと（荘園公領制のもとで）、在地領主こそが、国衙（諸国におかれた国司が執務する役所）に結集し、国の役人として振る舞っていた。彼ら国衙を拠り所とする在地領主が、農民への収奪の最前線である。平家は、知行国主に着任し、在地領主たちに忠誠と従属を要求すると同時に、自らの権勢によって、彼らの領地への国衙の干渉、国衙による侵害を停止した（端的に言えば、「減税」を見返りに従属を要求した）。平家自体は、京都にとどまり、朝廷内での権力と影響力の拡大・確保に努めた。

これが、平家の「朝廷の中の幕府」である。このようなことが可能だったのは、平家が、朝廷の中で絶大な権力を獲得したからである。ここで、武士が誕生したときに作用していた二つの力の中で、「天皇への求心力」の方が遠心力より強く利いていることがわかるだろう。「王臣子孫」の位置を占めているのが平家だが、その平家は、地方にくだらず、京都に、朝廷の中にとどまっているからだ。

しかし、新興の武士たちの中心として、天皇・公家の権威と権力のもとにある京都はふさわしくはない。そのため、平清盛は、福原への遷都を敢行した。福原は、中国大陸（宋）との貿易の窓口である。福原を出港した船は、平家の水軍の保護をも受けながら、厳島や博多や中国大陸を目指した。宋からの輸入品の中で最も重要なものは、「銭」そのものである。福原を活用した交易は、平家の富の源泉のひとつだったに違いない。福原遷都は、萎縮していた「遠心力」の再活性化だと言ってよいだろう。だが、この遷都は失敗した。すでに、平家の権力は、あまりにも深く、朝廷と京都に入り込み過ぎており、京都から離れたところでは機能しなかったのだ。

＊35　本郷和人『武士とはなにか』一四〇頁。

2 朝廷の外の幕府

頼朝は、朝廷の統治権の外部で、つまり関東周辺で、在地領主と土地を媒介にした主従関係を形成した。これは、武士を誕生させたあの関係、王臣子孫と現地の豪族との間の関係を大規模化したものである。頼朝が形成した主従関係においては、清盛のケースと違って、最初から（天皇から離れようとする）遠心力が強く作用している。頼朝は、朝廷の統治権が強くは及んでいない地域で、（知行国制を活用した平家とは違って）朝廷の制度とは無関係に、多くの在地領主との間で主従関係を結んだ。このことによって、頼朝は、自らが既存の王（天皇）とは別の独立の王であることを示そうとした……とそのように解釈することができる。

頼朝と――御家人と呼ばれる――在地領主との間の主従関係とは、次のような互酬的な関係である。頼朝の側は、武士である在地領主の所領を安堵する。「安堵する」とは、その領地の「当知行」の正統性を承認することだ。当知行とは、その土地を実際に占有し、実効支配していることを言う。これに対して、領主の側は、頼朝に臣従し、奉公する。もっと端的に言い換えれば、御家人は、合戦になったとき、命がけで頼朝の側について戦う。

頼朝がこのように勝手に多くの武士たちと主従関係を形成することができたのは、彼がそうしたことを行ったのが、関東だったからである。西国では不可能だっただろう。西国は大陸との連絡線の上にある。そのため、西国は先進地域であり、そして朝廷の権力と影響力の範囲内にあった。そうであるとすれば、朝廷との関係とは独立の主従関係は、西国では、生まれ得なかったはずだ（そして、今しがた見たように、平家は、まさにその西国に拠点をおいて挫折した）。
関東の武士たちが、頼朝によって所領を安堵してもらいたかったのはなぜなのか。別の言い方をすれば、頼朝による承認が、その当知行に正統性を付与し、他者からの侵略や介入を排除する効果をもったのはどうしてなのか。武士たちがこうした頼朝の承認を欲したがゆえに、頼朝は武士団の棟梁となることができた。ということは、これらの問いは、頼朝が武士団の棟梁になることができたのはなぜなのかを問うていることになる。

答えは、結局、頼朝が源氏であり、つまりは天皇に由来する貴種だったということに求めるほかない。源氏の血は頼朝から数えて三代目で絶え、鎌倉幕府の実権は、北条得宗家に握られることになる。もし、最初から、源氏ぬきで北条氏だけだったらどうだったか。北条氏による所領の「安堵」ということが、何か価値をもっただろうか。もちろん、そんなものはまったく無効だっただろう。北条は貴種ではないからだ。このことを思えば、頼朝と御家人の主従関係においても、それが朝廷の統治権の外で、朝廷の制度とは無関係に結ばれたものだったとしてもなお、天皇へと向かう求心力も働いていたと考えねばならない。

それだけではない。頼朝と領主たる武士たちとの間の主従関係に対しては、後から、朝廷からの裏付けが次々と与えられる。つまり、武士たちが朝廷への求心力に捉えられている、ということを前提にした措置が、十年弱の間に、連続的に取られたのだ。

第一が、一一八三年に、後白河法皇によって発せられた、いわゆる「寿永二年十月宣旨」。この年の十月の段階で、日本全国には、武士政権に至りうる「種子」は三つあった。京都の源

（木曽）義仲、西国の平宗盛、そして鎌倉の源頼朝。京都にあって、義仲と対立した後白河法皇は、頼朝に対して宣旨を下した。その内容は、東海・東山道諸国の支配を頼朝に委ねる、とするものだった。

　第二は、一一八五年に出された、守護・地頭設置を全国に配置することに関する勅許。文治元年にあたるこの年、頼朝は、逃亡している義経の探索を名目として、後白河法皇からこの勅許を引き出すのに成功した。後白河は、最初、義経の方を優遇して、頼朝への対抗者に仕立て上げようとしていたが、それが頼朝の怒りを買い、結局、この勅許を出さざるをえないところに追い込まれた。

　そして、第三は、一一九二年に征夷大将軍に任じられたこと。形式上は、任命したのは、九年前に後白河法皇の院宣を受けて践祚した、まだ幼い後鳥羽天皇だった。

　このように、「頼朝による支配」に対する朝廷の承認の範囲が、少しずつ拡大しているため、鎌倉幕府がいつ正式に始まったと見なすべきか、定められなくなっている。かつては、征夷大将軍になった一一九二年を鎌倉幕府の発足と見なすのが普通だったが、頼朝にとって、「征夷大将軍」は、実質をともなわない形だけの称号である。そのため、現在では、一一八五年の「文治の守護・地頭設置」によって鎌倉幕府が成立したとする研究者が多い。だが、守護・地頭の設置権を得たことではじめて頼朝の支配が確立したかと言えば、これも違っている。実際には、頼朝の実効的な支配があらかじめ成立していたがゆえに、彼に守護・地頭の配置の権限が与えられた、と見なすべきだ。ということは、このときには幕府はすでに始まっていたことになる。では、いつ鎌倉幕府は始まったのか。本郷和人は、それは、頼朝が、東国の――天皇とは異なる――新しい王として自らを示したときであるべきだ、と主張している。つまり、頼朝が御家人を率いて鎌倉に入ったときこそ、幕府の始まりだ、と。[*36] それは、一一八〇年十月のことであって、寿永二年十月宣旨よりも前だ。

鎌倉幕府がいつ始まったと認定すべきか決定できなくなるのは、頼朝の支配が、勅許や宣旨から独立に、それらに先立って確立されていたからである。しかし、そうだとすると、あらためてふしぎになる。ならば、頼朝や武家政権にとって、勅許や宣旨がどうしてそんなに重要だったのだろうか。「文治の守護・地頭設置」の勅許を、頼朝は、無力な法皇を半ば恫喝するようにして強引に引き出しているわけだが、どうして、そんなことをする必要があったのか。無力な法皇の認可によってはじめて、守護・地頭の設置が可能になるのは、どうしてなのか。

いずれにせよ、鎌倉幕府が成立するとき、二つの力が働いていることが確認できる。それは、朝廷の外に拠点をもつ幕府であり、ここに遠心力の働きを見ることができる。しかし、同時に、天皇への求心力も何重にも働いている。頼朝が臣籍降下した皇族の末裔であって貴種であるということが、求心力の最も端的な表現である。鎌倉幕府において、源氏は三代で絶えてしまう。しかし、先にも述べたように、鎌倉幕府は、皇族や摂関家から、わざわざ何もしない将軍を迎え入れ続けた。天皇とのつながり、天皇への近さの印を、鎌倉幕府は必要としていた。

＊36　本郷和人『武士とはなにか』六一頁。

3　幕府の中の朝廷

鎌倉幕府の成立するときには、天皇から離れようとする遠心力が強く作用していた。室町幕府の場合は逆である。求心力が遠心力に勝っている。二つの場面を対比してみよう。

頼朝は、源平の合戦の緒戦ともいうべき富士川の戦いで勝ったとき、そのまま京都へと攻め上ることなく、鎌倉へと帰還した。この行動に、頼朝と鎌倉幕府のスタイルが現れている。それに対して、足利高氏（尊氏）は、鎌倉幕府の軍勢として関東から京都へとのぼり、寝返って鎌倉幕府を倒したあと、結局、京都にとどまり、そこに幕府を開いた。室町幕府初期の（幕府内の）争乱、観応の擾乱につながった、尊氏と直義の兄弟の対立において、兄尊氏に対応するのが（天皇への）求心力、直義に対応しているのが（天皇からの）遠心力である。

平家の政権は、いわば「朝廷の中の幕府」であった。次いで、頼朝が開いた鎌倉幕府は、「朝廷の外の幕府」とも言うべきものだった。そして、足利政権において、幕府は再び京都に帰ってきた。とはいえ、平家没落以降の展開を経ているがゆえに、幕府と朝廷との間の実質的な力関係は完全に逆転している。室町幕府初期の武士たちが、朝廷に対してひどく侮蔑的な態度をとっていた、ということは、Ⅳ－1で見た通りだ。平家の政権の場合とは逆に、足利政権は、幕府の中の朝廷とでも呼ぶべき状況になったのだ。かつて、武家政権は、朝廷の制度に寄生していた。その後、武家政権は、朝廷から外化され、朝廷と並ぶもうひとつの王権に近いものになった。そして今や、武家政権は朝廷へと回帰してきたのだが、このときには、武家政権の方が朝廷を自らのうちに呑み込むようなかたちになった。

幕府の中の朝廷とは、具体的には、どのような状況を指すのか。この状況を顕著に見てとることができるのは、財政的基盤である。前章で述べたように、公地公民制は形骸化していたので、朝廷が地方から実際に徴収できた租税は少なかった。それでも、朝廷がやっていけたのは、京からの税収があったからである。実際、京の「警察」にあたる検非違使は、治安維持だけではなく徴税も担っていた。京都の各町に張り付いている検非違使庁の役人「保《ほう》の官人」が徴税の担当官だった。しかし、室町幕府の政所――本来はこれは幕府の軍事機構である――が、検非違使庁からその役割をすこしずつ奪っていく。最初は、治安維持に関わる役割を、最終的には（一三九二年）、徴税を含むすべての支配を、幕府の政所が担うに至り、検非違使庁は消滅する。

鎌倉時代が始まって半世紀ほど経った頃には、貨幣経済はほぼ全国化していた、と言われている。貨幣の浸透にともなう商品交換の中心は、もちろん京都である。だから、京都の土倉《どそう》（金融業者、質屋）に課せられた土倉役、酒屋に課せられた酒屋役などの税の収入は、たいへん大きかった。鎌倉時代までは、京都の税収は、検非違使を通じて主に朝廷に入っていた――というとやや言い過ぎで、この段階でも六波羅探題がすでに食い込んでいたようだ。が、いずれにせよ、室町時代に入って間もなく、今述べたように、京都の商取引からの税収はすべて幕府に吸い上げられ、貴族たちも、朝廷からではなく、幕府からその富を分配してもらわなくてはならなかった。これが、幕府の中に朝廷が統合されている、という状況である。

南北朝の分裂と統一もまた――本郷和人の説を援用すれば――、幕府の中の朝廷、幕府の掌の上にある朝廷の姿として解釈することができる。この対立において、幕府は、北朝側にいる。南朝は、楠木正成が戦死したところで、軍事力を完全に失った。これ以降、幕府はいつでも容易に南朝を潰すことができたはずだ。それなのに、幕府は四十年以上も南朝を延命させていたことになる。どうしてなのか。本郷によると、それは、幕府が自らの陣営であるはずの北朝を牽制するためである。南朝をなくし、朝廷を統一すると、その中の「治天の君」(上皇)が強力になって、幕府にとって脅威になるかもしれない。そうならないために、わざと南朝を残し、北朝の強大化を防いだというわけだ。三代将軍足利義満のとき、南北朝の合一が果たされる。一三九二年のことである。つまり、室町幕府の政所が、京都の徴税権を完全に掌握した年だ。財政的に圧倒的に優位にたち、朝廷が強力になることを恐れる必要がなくなったところで、幕府は、北朝による南朝の吸収を許したのだ。

　こうして、財政的には、朝廷は幕府の支援なしには存続不可能になる。つまり、経済的には、朝廷はまさに幕府の中にある。それだけではない。今谷明の有名な説に従えば、幕府はもっと直接的に朝廷を呑み込もうとしていた。つまり、今谷によると、将軍義満は自ら天皇になろうとしていたのだ。[*37] 武士のリーダーがそのまま天皇になっていれば、幕府による朝廷の併呑はまったく文字通りのものになっていただろう。

　今谷説は学界の主流ではないとのことだが、しかし、少なくとも、義満は、上皇や天皇が担っていた儀礼的な役割をできるだけ、奪い取ろうとしていた、ということまでは言えるのではないか。たとえば、義満は、除目《じもく》(官職の補任)において天皇の自筆で発給されてきた「小折紙」

（人事原案）を、自らの筆で出し、任命権が天皇ではなく自分にあることを示したし、官位に叙任された貴族が謝礼として行う「参内拝賀」も、彼の邸宅（室町第か北山第）で行わせた。彼は、最も愛した子・義嗣を、天皇にしようと予定していた、とする説もある。

4　全国統一？

理由は定かではないが、武士の支配は天皇を必要としていた。その上、今や、天皇そのものを実質的に武家政権の中に取り込むことまでできた。となれば、室町幕府は、きわめて堅固で安定的な全国支配を実現できただろう……、と推測すべきところだが、実際には、室町幕府の支配は、全国統一とはほど遠いものだった。

まず、関東八カ国と甲斐・伊豆の二カ国、そして（後から編入された）東北の陸奥・出羽二カ国は、鎌倉府が管轄した。一見、鎌倉府は、室町幕府配下の地方自治体のような印象を与えるが、実態としてはむしろ、鎌倉公方という別の「将軍」に率いられた（準）独立の政府に近い。室町幕府自身がそう受け取っていた証拠に、「都鄙《とひ》の境」とされた駿河国の守護・今川氏は、関東の監視役として、常に在国していることが許されていた。室町幕府は、鎌倉府が室町幕府にとって敵対勢力に転じ得ることを知っていて、恐れていたのだ。しかし、都鄙の境の守護が、京都に上らず自身の国に常住できたということは、この監視役もまた、幕府から独立の勢力とな

---

*37　今谷明『室町の王権　足利義満の王権簒奪計画』中公新書、一九九〇年。

りえた、ということでもある。要するに、室町幕府の支配は、東には十分及んでいなかった。東が、（準）独立の政府のもとで自立していることを積極的に容認していたのだから。

西はどうか。西の方がまだましである。鎌倉府に対応する「政府」はないからだ。幕府は、博多を間接的に支配した。「間接的」というのは、大内氏が博多を直接的には支配したからだ。幕府にとって博多商人への影響力を保持しておくことはきわめて重要だったが、それができるのは、大内氏だけだった。大内氏には、今川氏と同じ権利が、つまり在京しなくてもよい権利が与えられた。とすれば、今しがた述べたことを繰り返さねばならない。幕府の代理人である大内氏自身が、幕府から自立してしまう可能性を孕んでいたことになる。西の支配も安定的なものとは言えない。

さらに付け加えれば、博多よりも南に関しては、幕府はそこを支配しようという意欲すらほとんどもってはいない。鎌倉幕府以来の地方勢力の既得権をただ黙認しているだけだからだ。この地域の有力者、大友氏や島津氏等に対しては、幕府は上京を要請することもなかったし、在国をわざわざ公式に承認する、ということさえしなかったのだ。

このように、室町幕府が実効的に支配できた領域は小さく、日本列島の一部でしかない。その上、その領域はどんどん小さくなっていき、最後には、足下の京都すら支配できなくなる。その現れこそ、京都で展開した応仁の乱（一四六七～一四七七年）である。

応仁の乱は、ひとつの目的をもたない紛争である。[*38] 一応は、細川勝元と山名宗全の勢力争いだとか、足利義政の後継の争いだとかが紛争の種にはなっているが、それらが主要な争点だったとはとうてい言い難い。要するに、それぞれの参加者がそれぞれの利益のためにこの紛争を利用した。応仁の乱は、その中にさまざまな利害に基づく具体的な紛争をいくらでも代入しうる、「紛争一般」のような紛争であった。誰が何のために戦っているのか、あまりにも複雑で定めがたい。そもそも誰と誰とが戦っているのかすらもあいまいになっていく。

ともかく、最初は朝廷の中にあった幕府が、いったん朝廷の外部に出たあと、今度は自らの中に朝廷を組み込んだところで、政治的な支配の機構としては、いったん破綻してしまう。

5　戦国大名の「政府」

簡単に言えば、応仁の乱のところで、日本列島全域に及ぶ支配のシステムは、一度リセットボタンを押されたのである。応仁の乱を通じて、日本の支配者たちは――つまり武士のリーダーたちは――、京都にいて地方を治める、ということは不可能だと学んだ。彼らは、自分の領地にもどり、そこに止まらなくてはならなくなる。そして「国」にもどった守護大名やその関係者の中から、いわゆる戦国大名が現れた。

守護大名は、足利将軍家の代理として支配したし、実際、そのような自己意識をもっていた。しかし、戦国大名にはそんな意識はない。自分の「国」を支配し、そこに秩序をもたらしているのは、将軍でもなければ天皇でもなく、自分自身の力である、という自負をもつ。単に自己

＊38　呉座勇一『応仁の乱　戦国時代を生んだ大乱』中公新書、二〇一六年。

意識の問題だけではなく、以下のようにこれに実質がともなわなければ戦国大名ではない。

守護大名や在地の領主にとっては、自分の勢力範囲とされている「国」の中に、実質的な自分の所領はごく一部でしかなかった。勢力範囲の中には、他人の所領、たとえば寺社領や公家領が混じっていた。ほんとうは、彼らは、こうした「他人の所領」に行政権や裁判権を確立し、己の勢力範囲の全体に包括的な支配権を確立したかった。そのためには、しかし、十分な軍事力に裏打ちされた実力をもち、既得権をもって抵抗する寺社領や公家領に侵出できなければならない。そして、実際に、そのような侵出がなしえたら、つまり寺社領や公家領だったところに実効支配を確立できたら、それを実現した者は、元の守護大名であろうと、守護代であろうと、誰であろうと戦国大名である。「実効支配を確立する」とは、その上に行政権や裁判権を及ぼし、そして何より、そこから税を取ることができる、という意味である。ここからわかるように、戦国大名は、あの「職の体系」（V－3）を終わらせ、はじめて「一職支配」を確立した。

われわれの主題は、武士と天皇との関係であった。戦国大名は、守護大名に比べて、天皇への顧慮が少なかった、と言ってよいだろう。彼らは、（相対的に）天皇への関心が乏しかった。武士の歴史の中で、天皇や王臣への関心が最も低かったのは、戦国大名たちである。天皇を基準にした「求心力／遠心力」という概念を用いるならば、この間の経緯を次のように描写できるだろう。室町幕府において、求心力の方が優位になり、強く作用したのだが、それは破局（応仁の乱）を迎えた。その破局はビッグバンのようなもので、強い遠心力が働き、武士たちは、各地で戦国大名として定着した。

人々の天皇への関心が薄かったということは、戦国大名の活動期間の三代の天皇（一四六五〜一五五七年）――後土御門・後柏原・後奈良――が、歴代天皇の中で最も貧しかった、という事実に端的に現れている。[*39] この事実は、朝廷を財政的に支援したり、朝廷のために納税する者が少なかったことを示している。どの天皇の在位期間も長く（三十年前後）、全員が、生前退位することなく終身で在位した。[*40] 現代のわれわれの感覚では、在位期間の長さはその天皇が安定的に君臨していたことを含意しているかのように思いたくなるが、そうではない。在位期間が長かったのは、上皇になれなかったからだ。上皇になると、次の天皇の即位の儀式や上皇の住まい（仙洞御所）の準備のために多額の費用がかかった。

　このように、戦国大名は天皇への関心も敬意も乏しかった。その代わりに、彼らは、それぞれの地域のレベルにおいて、真に「政治らしい政治」を実現した。まったくの地方レベルだが、現代的な意味での政府が、戦国大名の統治機関としてはじめて実現した、と言っても過言ではない。つまり、戦国大名は、域内のすべての農地から税をとるのだが、それに対する見返りとして、最小限の公共サービス的なことを行った。かつての頼朝は御家人を組織したのであって、

＊39　本郷和人『上皇の日本史』二三三頁。

＊40　当時の常識からすると、在位三十年間がいかに長かったかということは、後土御門天皇より前に「三十年を超えて在位した天皇」にたどり着くのに六百年近くも遡らなくてはならない――それは醍醐天皇である――、ということからも理解できるだろう。

その支配は、いわば点的なものだったが、戦国大名は、いわば空間を面的に支配した。つまり、一定の空間の中に「自分に服属しないものはいない」といった形式で支配を確立したのだ（一円支配）。

戦国大名は天皇に対する関心が小さかった、と述べた。その通りなのだが、しかし、まったく無関心になったわけではない。言い換えれば、天皇を基準にしたときの「求心力」が消滅したわけではなく、やはり作用し続けていた。たとえば戦国大名は、敵を討つにあたって、しばしば綸旨や院宣を欲しがり、実際に入手している。綸旨とは、側近（蔵人）を介して発行される天皇の命令書のことであり、院宣とは、上皇・法皇の意を受けて院庁の役人が発行する、上皇・法皇の命令書だ。戦国大名は、単に自分の私利のためではなく、天皇・上皇が欲していることの実現として、あるいは天皇・上皇の権威のもとで戦いたがったのである。たとえば、越後の大名、上杉謙信は、関東進攻に関して綸旨が欲しくて、二度もわざわざ上京している。[*41]

守護大名たちが京都から地方へとくだり、戦国大名として定着すると、各地に「小京都」が生まれる。つまり、京都を意図的に模倣した、地方の文化的な中心が出現する。一方では、この現象は、地方の文化的な自立を示すものとして解釈することができる。ここで働いているのは、京都から離れていく遠心力である。しかし、他方で、京都が憧憬の対象となり、模倣すべきモデルとなっているということを考えれば、京都へと向かう求心力もまた作用している。[*42]小京都は、戦国大名を規定している二つの力の均衡の産物である。

6　幕府と朝廷のもう一循環

応仁の乱でリセットボタンを押されたあと、戦国大名たちが領地の拡張をめぐって争いあう群雄割拠の時代がおよそ一世紀ほど続く。いわゆる戦国時代である。そのあと、再び、日本列島の全体に及ぶ武家政権が再建される。武家政権の再建と転換の過程は、リセットボタンを押される前の武家政権の変遷過程の反復である。もっとも、その反復は、過去に起こったことの単純な再現ではない。二巡目の武家政権は、戦国大名としての経験によって媒介されているからである。戦国大名としての経験とは、地方レベルではあれ、本格的な政府のようなものを確立した、ということだ。ともあれ、「反復」とはどういうことなのか、説明しよう。

まず短命だった豊臣政権。これは、平家の政権と同様に、「朝廷の中の幕府」だった、と言ってよいだろう。秀吉は、清盛と同様に、朝廷の中の官職を得る。つまり「関白」となる。ただ、卑姓の秀吉は直接には関白に就くことができないので、まず摂関家の養子となった。秀吉は、一五八五年に、近衛《このえ》前久《さきひさ》の「猶子」として関白に就任した。翌年、秀吉は太政大臣になり、天皇から「豊臣」の姓を受ける。かつて、地方の有力豪族は王臣子孫との間に姻戚の関係を築いたが、豊臣はみずから「王臣子孫」となったのだ。

＊41　吉田『歴史のなかの天皇』一四六頁。
＊42　本郷和人『上皇の歴史』二三三頁。

関白秀吉は、天皇によって日本全国の支配権がみずからに委ねられたとして、惣無事《そうぶじ》令を発する[*43]。惣無事とは、「私戦」をしてはならない、ということだ。では何が私戦なのか。天皇の許可がない戦争である。秀吉自身は、天皇の勅書をもって、九州島津氏を征討した。

また、秀吉は、全国土を検地し、百姓たちから武器を没収した。「刀狩」は、武士と町人・百姓身分を厳格に分離することを意味していた。底辺の庶民の武装をここまで徹底して解除した実例は、世界史的に見てもほとんど他に類を見ない。なぜこんなことができたのか、ふしぎである。百姓たちの武士に対するこうした従順さ（武器による抵抗の可能性の放棄）は、武士の天皇への従順さ（武器をもっているのに武装していない天皇に決して刃向かわない）に通ずるものがある。

秀吉が聚楽第なる城郭風の邸宅を造営した「内野」は、もともと大内裏があったところである。彼はここに後陽成天皇を迎えて五日間におよぶ大宴会を催した。この宴会には諸大名も参加し、秀吉に服従する旨を記した誓紙を提出した。彼は、自身の背後に天皇が存在していることを示した上で、大名たちに服属を誓わせたのだ。

続く徳川政権は、「朝廷の外の幕府」であった。家康は、天皇から征夷大将軍の宣下を受け、そして、京都ではなく関東に、つまり江戸に幕府を開いた（一六〇三年）。豊臣政権と平家の政権との類似は無意識のものだが、家康の場合は意図的に頼朝を模倣し、朝廷の拠点から離れたところにみずからの基盤を置いた。家康は、たった二年で将軍職を辞し、子の秀忠に将軍宣下を受けさせた。「将軍」が徳川家の世襲であることを大名たちに告知するためだったと見ることができるだろう。

徳川政権が、朝廷に対して（実効的な権力において）圧倒的な優位に立ち、朝廷を「上から目線」で指導したということについては、Ⅳ－2でその一端について述べておいたので、ここでは繰り返さない。この政権、つまり徳川による幕藩体制は、これまでのどの武家政権よりも安定的だった。列島からは深刻な戦は消え、徳川幕府の支配に対する真の挑戦者はいなかった。幕藩体制が安定したのは、それが「戦国大名の経験」に媒介されていたからである。先に述べたように、戦国大名は、ローカルな規模ではあるが、日本史上初めて真に政府らしい政府を実現した。そのローカルな「政府」の支配領域を「藩」とし、それらをジグソーパズルのように組み合わせれば、幕藩体制が成り立つことになる。

こうして、「朝廷の外の幕府」は、ひとつの均衡に到達した。二度目の循環においては、最終的な結果とも言うべき「幕府の中の朝廷」には至らなかった。いや、厳密に言えば、外部からの脅威（黒船）によって危機に陥ったとき、幕府は、朝廷が事実上、幕府に内在していることを誇示することでこの危機を乗り越えようとした、とも言える。それまで天皇の意向など無関係に重要なことを決定してきた幕府が、アメリカと条約を結んで開国するという自らの決定に関してだけは孝明天皇から勅許を得ようとしたとき、幕府は、「幕府の中の朝廷」を暗黙のうちに前提にしている。つまり、幕府は、天皇は自分たちのいいなりであって、幕府の意向を忖度し、勅許を出すに決まっている、と想定していたのだ。だが、天皇はこの段階ではもはや

＊43　藤木久志『豊臣平和令と戦国社会』東京大学出版会、一九八五年。

十分に従順ではなく、幕府の意向に承認を与えることはなかった。「幕府の中の朝廷」を前提にしたところが、実際には「幕府に反する朝廷」が露出し、それが、最終的に幕府の崩壊につながったことは周知のところである。

*

したがって、日本の中世と近世で同じ形式の支配の様式の転換が、「朝廷の中の幕府→朝廷の外の幕府→幕府の中の朝廷」という転換が反復されているのだ。最初の循環は、破局を通じて、結果的に、武士の高い自律性が得られた（戦国大名の誕生）。二度目の循環は、逆に、武士という身分そのものの消滅に至った。天皇や朝廷に関しては、これと逆のことが起きている。一度目の循環の結果、天皇制は弱体化し、ほとんど風前の灯のような状態に陥った。だが、二度目の循環の後には、天皇は、国家の真の支配者、国家の主権者に祭り上げられた。

どちらの循環においても、行動の主体は武士階級である。天皇や公家は、実際には、ほとんど何もしていない。それなのに、最終的には、武士は消え去る敗者となり、天皇は勝者のように生き延びた。朝廷の中の幕府、朝廷の外の幕府、幕府の中の朝廷は、Ⅱで見た「X（天皇）－P（武士）」関係の三つのヴァリエーションである。三つのいずれにおいても、天皇と武士の間には、（天皇へと向かう）求心力と（天皇から離れようとする）遠心力の二つが働いている。

われわれの疑問の中核には、天皇と武士との共存がある。三つのヴァリエーションを可能なものとしているメカニズムは何なのか。実際の行動の主体は武士なのに、どうして、天皇が必要だったのか。

ところで、中世の循環と近世の循環に関する、以上の簡略において、ひとつの肝心な部分がミッシングリンクになっている。ここで何が起きていたかについては、この論考の最後に述べることにしよう。

Ⅶ　イエという組織原理

1　戦う者と戦わない者

最終的な理論的仮説を提起する前に、もう少しだけ検討しておかねばならないことがある。まずは、武士のアイデンティティと自尊心に宿る曖昧さに注目しておきたい。武士は、公家に憧れており、できることならば公家になりたいと思っている。公家的な文化や生活様式、公家の美的趣味に対して、武士たちは劣等感を抱いている。公家は、朝廷に直接に仕える身分の者たちを指している。つまり、公家とは、天皇に最も近い身分だ。武士が欲していたのは、この天皇への「近さ」である。田舎の草深いところにいる武士が、王臣子孫を主人とし、王臣家との姻戚関係を築くのに積極的なのも、武士に公家や貴種への憧れがあったからだ。

ということは、「公家＞武士」という価値の序列がある……と見なしてよいのか。よいように思える。武士には公家への憧れがあるが、公家の方には、それと対照的な武士への憧れは見出せないからである。公家から武士になった者はたくさんいるが、彼らはたいてい、公家の世界での出世が難しかった者たちである。したがって、公家と武士の間には、一元的・一義的な威信の序列がある。と、結論したくなるが、状況をよく見れば、必ずしもそう言えるわけではないことに気づく。

というのも、武士たちは、自らの生のスタイル、自らの職能に固有の価値があるとして、それに誇りを感じていたからである。武士は、まさに武士たるところのアイデンティティが公家としてのそれとは質的に異なっており、両者の間に優劣の序列をつけることができない、という自覚ももっていたのだ。もっとはっきり言おう。武士は、戦闘者であることに、命がけで戦闘する者であることに誉れを覚えており、そうしたアイデンティティに執着していた。一方では、公家と武士は、価値的な序列をつけられたが、他方では、両者の間には、そのような順序がつけられない質的な差異があるとも見なされていた。

さて、このように考察してくると、日本人が自らの歴史を見るとき、自明視しており、さして疑問に思わないひとつの事実にあらためて気づくことになる。公家や天皇は、血を見るような命がけの戦闘に関与しない、ということに、である。武芸そのものは、公家たちの間でもある程度は評価されてはいたが、戦闘に通ずる残酷さは忌避された。『古今著聞集』に次のような説話がある。[*44] 鳥羽上皇は、鳥が離宮の池の魚を獲るので、困っていた。しかし、鳥を射殺すのも嫌だ、という。鳥を殺さずに、魚も獲られないようにせよ、と武者所《むしゃどころ》に命じた。これを受けて、源《みなもとの》むつるという武士が、鳥がまさに鯉を捕えて飛び立ったそのとき、鳥の足を射切って、上皇の注文に応えたという。鳥の足を切断することもずいぶん酷いことだとは思うが（その鳥は間もなく死んだだろう）、上皇は、鳥を直接殺していないことに満足したのだ。

このように、公家は戦わない。命を奪う可能性があるような戦闘に関わらないことを、公家たちはよいこと、優美なことと見なし、自尊心のひとつの拠り所ともしていた。それに対して、武士は武士で、戦闘者であることを卑下しておらず、むしろ逆に戦闘者たる自己に愛着を覚えていた。戦闘者ではないことを誇る公家と戦闘者であることを誇る武士、という対照がここにはある。貴族というものは世界中のどこでも戦わないものだ、などと思ってはいけない。西洋の貴族や王は常に戦闘者でもあった。つまり西洋には、日本的な意味での公家と武士の区別は存在しない。

だが、さらにていねいに振り返ってみると、日本の天皇や貴族も、最初から戦わなかったわけではないことに気づく。彼らが、実に攻撃的な戦闘者だった時代もあった。「大王の中の大王」として尊敬されたワカタケルは、武装して山野をかけめぐり蛮族の諸国を平定したことを自慢していた（Ⅲ－2）。乙巳の変（大化の改新）のときは、中大兄皇子（後の天智天皇）は、皇極天皇の目の前で、蘇我入鹿を殺害している。壬申の乱では、皇族とその臣下たちが激しくぶつかりあい、殺しあった（Ⅱ－1）。では、いつから、公家は戦闘者ではなくなったのか。いつまで、彼らは戦闘者だったのか。

＊44　本郷恵子『京・鎌倉　ふたつの王権』二二一頁。

「後から振り返ってみれば、あれが公家が命がけの戦闘者として活躍した最後の出来事だった」と見なすことができる出来事がある。「薬子《くすこ》の変」として知られている（失敗した）クーデタである（八一〇年）。それはどんな事件か。

平安京への遷都から十二年後に、遷都を実現した桓武天皇が、在位のまま、七十歳という高齢で崩御した（八〇六年）。政変の端緒はここにある。桓武の子の平城天皇が即位するが、これに対して、彼の異母弟の伊予親王が謀反を企て――というか謀反の疑いをかけられ――、自殺に追い込まれた。その後、平城天皇は病を理由に、同腹の弟の嵯峨天皇に譲位して、上皇になる（八〇九年）。ところが、平城上皇は、すぐに病から快復してしまった。病が癒えた平城上皇は、藤原式家出身の愛人・薬子とその兄藤原仲成に、南都（奈良・平城京）での重祚《ちょうそ》（天皇位への復帰）を勧められ、嵯峨天皇側と対立するようになる。平城上皇は嵯峨天皇に、天皇の位を返せ、と迫ったというわけだ。その結果、平安京（嵯峨天皇）と平城京（平城上皇）の「二所朝廷」状態となってしまった。紛争は深刻化し、ついに平城上皇は東国から兵を率いて平安京へ攻め上ろうと目論むのだが、この動きを察知した嵯峨天皇側から逆襲され、敗北した。つまり嵯峨天皇側の勝利で、紛争は終結した。

すさまじかったのは、戦後の経過である。平城上皇は出家させられた。ここまではまだ穏当だ。激しいのはこれ以外の処理だ。上皇を唆した首謀者と目された藤原仲成は、死刑に処せられた（弓で射殺）。そして女たち、伊予親王の母親（藤原吉子《きっし》）と薬子は自殺した。

この乱で、皇族や貴族は、文字通り命を賭け、体を張って戦っている。女でさえも、事が成就しなかったときには自殺する覚悟をもっていたのだ。しかし、この乱の後、流血の惨事をともなうような戦闘を公家が主導するようなことはなくなった。都での死刑は、仲成の処刑のあと、三四六年間も行われなかった（次の死刑は保元の乱のとき）。橋本治がこの薬子の変に言及しながら述べているように、公家が自ら戦闘者であるような状況の中では、「武士」という種類の人間は生まれない。*45 ちなみに、薬子の変の鎮定に大きな功があったのは、坂上田村麻呂である。あの将種——有能な武人ではあるがまだ武士ではないと述べたあの将種だ（V－2）。

坂東で武士が誕生したのは、この乱からしばらく後——半世紀強ほど後だったと思われる。都では、本気の戦闘に関与しないことにこそ美を認める人間が主流になり、地方（坂東）では、命を賭けた戦闘者であることをこそ名誉だと感じる人間が登場する。両者の間には、おそらく共軛的な関係がある。都で起きていたことと地方で起きていたこと、ほぼ同時に進行したまったく対照的な二つのことは、別の社会現象ではあるまい。

2　馬上から天下を治める

公家は、戦闘から積極的に身を引き、（自らも決して戦闘に直接参加することがない）天皇に文官として仕えている。武士は、戦闘者である。前者は後者に対して優越感をもっている。後者は前者に憧れつつも、戦闘者であることに強い自尊の感情をもっていて、決して、戦闘者であるこ

*45　橋本治『権力の日本人　双調平家物語ノートI』講談社、二〇〇六年、一〇三～一〇五頁。

とのゆえに前者よりも自らが劣るとは見なしていない。[*46] これは日本に固有な状況である。

日本の国有性は中国と比較すると明らかになる。中国では伝統的に、文官（官僚）が武官（軍人）よりもはっきりと高い威信をもっていた。このことは、武官自身も認識し、受け入れていることだ。『史記』の陸賈《りくか》伝にある有名なエピソードがこの点を印象的に示している。漢の高祖劉邦は、項羽を討ちやぶって天下を統一した。その後のことである。儒家の説客《ぜいかく》・陸賈が、劉邦にさかんに『詩経』や『書経』について説くので、劉邦はうるさがって、「俺は馬上で天下を取ったのだ、『詩経』も『書経』も関係ない」と陸賈を叱った。すると陸賈は即座に「馬上で天下を取ることができても、馬上に居て天下を治めることはできません」と反論したというのだ。さらに陸賈は、秦が滅びたのは、天下を統一した後に、仁愛の精神に則った古代の聖王を見習おうとしなかったからだ、と説き、劉邦に儒教的な支配の理念を納得させた。

中国の場合と日本を比較するとまずは、こう言えるだろう。天皇や公家は、馬から降りて、儒教の古典を読んで天下を治めることにした（陸賈に説得された）劉邦に、少しばかり似ている、と。決定的に異なるのは武士である。劉邦は、天下をとると――陸賈に説得されてだが――、軍人としてのアイデンティティを捨て、文人として政治を行った。それに対して、日本の武士は、いわば馬上で天下を治めた。つまり彼らは武士としてのアイデンティティを決して捨てようとはしなかった。いささか滑稽でさえあるのは、徳川幕藩体制の中での武士たちである。実質的には、彼らは、軍人ではなく、官僚（文官）である。それでも、彼らは、（ほとんど使わない）刀を腰に帯び、自らが本来は戦闘者である――官僚としての姿は仮のものに過ぎない――ということを示そうとした。

　武士たちは、戦闘者としてのアイデンティティの方を官僚としてのそれよりも選好したのである。先に述べたように、武士の「士」は、儒家の「礼」の思想に由来する（V－1）。儒家の「士」は、しかし軍人ではなく、文人官僚の一身分である。戦闘者たることに自負をもつ武士は、にもかかわらず、「武者」や「つわもの」よりも「武士」という呼称を好んだ。この「士」の部分に、武士のアイデンティティと自尊心に孕まれるあの両義性が、わずかに露出していると解釈することはできないだろうか。武士は、戦闘者を自任し、誇ってもいるのに、「戦わない公家」にも密かな憧れをもっている。その「密かな憧れ」の部分が、「士」の文字に現れている、と。

　ともあれ、武士は戦闘者であり、そのような自己に愛着をもってもいた。そして、戦闘者であるという性質が、武士の集団に、独特の組織原理を与えることになった。その原理こそが「イエ」である。

3　武士の集団の組織原理――イエ

　村上泰亮・公文俊平・佐藤誠三郎は、『文明としてのイエ社会』で、日本社会の歴史は、二種類の社会・集団組織原理の発展と並存・交替の過程として見ることができる、とする仮説を提起している。[*47] 日本史の全体を、社会変動の二つの大きな波動（サイクル）から成るものとして

＊46　注32をあらためて参照。

理解することができるのではないか、と言うのだ。

最初に出現した第一の波動は、氏族《クラン》型——とりわけ成層クラン型——の発展の過程だ。この波動は、有史以前のいつとも確定できない時期に始まっており、律令国家の段階（八世紀頃）で複雑度のピークに達し、以後徐々に衰退し、十六世紀における荘園公領制の消滅とともに終焉する。これが「ウジ社会」のサイクルである。

第二の波動は、ウジ社会のサイクルがまだ終わってはいない十一世紀頃に、しかも東国で始まる。この波動の核的な主体となる集団は「イエ」である。それゆえ、第二の波動は、「イエ社会」のサイクルと呼ばれる。

前者の「ウジ社会」は、とりたてて日本的なものではない。ウジはクランの一種である。クラン（氏族）とは、共通の祖先を有するとの認識のもとに連帯している血縁集団のことだ。クランは人類学的な定数のようなもので、世界中のあらゆるところで見られる。クランは、父系または母系の単系の血縁集団である場合が多いが、日本のウジは、父系・母系のどちらでもない双系であるところに特徴がある。蘇我氏とか物部氏とかは、ひとつずつの氏族である。のちに「天皇」と呼ばれることになる大王は、ウジの連合体の中から生まれたと考えられる。すなわち、大王のウジは、ウジの連合体の中で相対的に大きく強く、リーダー的な役割を担ったのであろう。

われわれがここで特に注目しなくてはならないのは、後者の「イエ社会」の方である。イエは、ウジとは異なり、日本独特の集団である。村上らの仮説では、イエは、武士の集団の組織原理として始まった。村上らは、武士は「武装した開発領主」だとする、今日では全面的には支持しがたいかつての通説を採用しているが、イエが、武士の経験から自然発生した――少なくとも武士の経験を主要なドライブとして成長した――という論点は、現在でも十分に支持しうる。たとえば、大名とその家臣団は、典型的な（大規模な）イエである。イエは、武士たちの集団から始まるが、やがて、日本のあらゆるタイプの集団へと浸透する。たとえば、天皇家は、本来はウジとして始まったが、やがてイエ化し、ついには「イエの中のイエ」とも言えるほどの代表的なイエとなる。いずれにせよ、イエの原点は武士の集団にあったということが重要だ。イエは、武士の集団の必要に応えるものとして出現したのだ。武士がいなければ、イエなる組織原理はなかっただろう。

だが、そもそもイエとは何か。まずは、よくある誤解からはっきりと縁を切っておく必要がある。イエは、家族の一種ではないし、家族を原型とするものでもない。イエは家族や氏族とは別のものである。イエは、家族や血縁集団に寄生したり、家族や氏族をベースにしてそれらを変容させたり、血縁集団を装ったりすることはある。しかし、概念としては、イエをそれらのものから厳密に区別しておかなくてはならない。では、イエとは何か。

イエは、（典型的には）生活を共同にする、経営体の一種である。つまり、イエは、何らかの

＊47　村上泰亮・公文俊平・佐藤誠三郎『文明としてのイエ社会』中央公論社、一九七九年。

重要な課題に対処するための合理的な組織原理のひとつである。繰り返し強調しておくが、イエは、血縁や家族とは直接には関係ない。たとえば領主が従えている家人《けにん》や郎党は、領主と血縁的にはつながってはいないが、領主が率いるイエのメンバーである。

村上らによれば、イエには四つの重要な特性がある。[48] 第一に、集団のメンバーとなりうる個体の資格に関して、あるいは多数の個体をひとつの集団と結びつけている契機に関して、要するに集団の存立根拠に関しては、「超血縁性（血縁を超えている）」がその特徴である。平安時代の後半に生まれた武士の典型的なイエでは、上層に一族および家子《いえのこ》などと呼ばれる基幹部分があり、中層には郎党（家人）、さらに下層に所従・下人がいる。今しがたも述べたように、郎党や所従・下人と一族・家子は血縁関係をもたない。また、日本のイエ型集団では、世界で他に類をみないほど柔軟に養子制度が活用されてきた（そのため、一族・家子の中にも血縁関係がないものが多い）。

ただし、イエにいったん加入すると、メンバーは他のメンバーたちとあたかも血縁があるかのように遇される場合が多い。そのため、人類学者のF・L・K・シューは、日本型の集団の関係のあり方を、造語で「縁約（kin-tract）的」と呼んだ。[49] 加入に際しては、契約（contract）と同じように選択意志が働くが、加入後はしばしば、血縁（kinship）に似て、集団に無限定的（全人格的）かつ無期限に所属することになるからだ。[50]

第二に、集団で共有されている最小限の集合目標の性質に関しては、「系譜性」がその特徴である。イエ型集団は、自らの永遠の持続性を目指している。つまり、イエにとっては、自らの存続それ自体が基底的な目標になっている。イエは、何らかの外的な目的だけをもつ――それゆえ目的さえ実現すれば存続する必要から解放される――「結社《アソシエーション》」とはこの点で異なっている。問題は、何をもってイエの持続と見なされるかである。血縁集団にとっては、持続は、単に自然の事実だが、超血縁的なイエ型集団では、持続のための根拠が定義されなくてはならない。その根拠こそが、「直系継承線」（中根千枝）の存続である。言い換えれば、「系譜性」（中野卓）だ。きちんと定義を引いておこう。系譜性とは、擬制としてであれ「血縁」を構成原則とする集団で、「首長→嫡子」の直系がそれ以外の傍系メンバーよりも高い価値をもつものとされ、直系の永遠の存続が集団の最小限の目標として共有されている状態をさしている。すると、すぐに思うだろう。天皇家の「万世一系」もまた、このイエ型の組織原則の影響から出てきた観念ではないか、と。

第三に、集合目標を達成するために採用される集団メンバー相互間の行為の調整方式（いわゆる役割システム）に関しては、「機能的な階統制《ヒエラルキー》」を特徴とする。経営とは、一定の目的を継続的に遂行すること（マックス・ヴェーバー）である。この意味で、イエは経営体だ。目的の遂行が

＊48　村上・公文・佐藤『文明としてのイエ社会』二二三～二四〇頁。

＊49　F・L・K・シュー『比較文明社会論　クラン・カスト・クラブ・家元』作田啓一・浜口恵俊訳、培風館、一九七一年。

＊50　今回、イエのこの特徴は、暴力団の「組」によく留められている。海外のマフィア的犯罪集団に比べて、日本の暴力団は脱会が極端に難しい（溝口敦『暴力団』、新潮新書、二〇一一年）。

重要な集団は、しばしば、メンバーの間の分業とそれに基づく機能的階統制を発達させる。たとえば、東国の武士団では、「惣領（家督）↓庶子↓一族・家子↓郎党↓所従・下人」といった階統構造があった。

第四に、集団が全体として示す「主体性」のレベルに関して、高い「自立性」への指向がイエ型集団の特徴である。自立性とは、まずは、集団メンバーの生活資料をどこまで自給自足できるか、ということに関わっている。一般的には、農耕・遊牧段階の諸集団は、このような意味での最小限の自立性を備えている。自立性がさらに高度化するためには、これに加えて、外敵に有効に対抗しうるだけの戦闘力をもつことが重要だ。日本のイエ型集団は——とりわけ武士のイエ型集団は——、このような意味での強い自立性を養ってきた。

以上が、「イエ」という組織原理の主要な特性である。先に述べたように、イエは、日本に固有の現象である。それは、武士の経験から、生まれてきた。それ以前からあった、ウジ型の原理を改造するようなかたちで、である（イエのもつ擬制的な血縁性や系譜性は、ウジの論理を換骨奪胎して利用したものだ）。どうして、武士たちの集団が、イエ型になったのか。それは、武士たちが、何よりも戦闘集団だったからである。イエは、戦闘という目的にとって、きわめて有効な集団だ。もし戦闘が緊急の課題でなければ、イエ型の集団は生まれなかっただろう。

4　一揆的な関係性

イエ型集団はどのようにして形成されたのか。このことを考えるうえで、手がかりになるのは、ウジ型ともイエ型とも異なる、もうひとつの組織原理があった、という事実である。そのもうひとつの組織原理は、日本の中世・近世の歴史の中で広範な活躍を認めることができるのだが、ウジやイエとは異なり、ついに一度も「主役」にはならなかった。その組織原理とは、一揆（あるいは党）である。

「一揆」という言葉は古代からある。この語は、揆を一にする――意見を同じくする――という意味で、ここから、志を同じくする者たちの団結をも指した。一揆とは、特定の目的――たとえば外敵からの防衛とか紛争の回避とか何か価値あるものの配分とかといった目的――のために団結する、平等指向性の高い集団である。さまざまな種類の一揆がある。分類の体系性に頓着せずにいくつか例示すれば、馬借一揆（馬借、つまり運送業者が起こした一揆）、土一揆、徳政一揆、国人一揆、そして何より一向一揆などをあげられるだろう。「党」もほぼ同じ意味なので、僦馬の党、松浦党なども一揆の実例と言ってよい[*51]。一揆は、たいてい、有力なイエ型集団に対抗する集団として現れるが、最終的には敗北するか、あるいは大規模なイエ型集団の内部に組み込まれるかたちで終わる。一揆が広範に活動しながら、日本の歴史の主役にはならず、脇役にとどまり続けたと述べたのは、こうした事情を念頭においてのことである。

ここで一揆に注目するのは、一揆が、イエ型集団の主要な特性に対応する性質を、すべて原

＊51　聖徳太子の「十七条憲法」の第一条に「人皆党《たむら》あり」と記されている。党は古代からあったのだ。

初的なかたちで――あるいは生成状態において――保有しているように見えるからだ。以下のように、である[*52]。

①一揆的集団への加入の条件は、イエと同様に、血縁のような自然的なものではない（つまりウジとは異なる）。が、加入に関して、超血縁的だったイエほどには「契約」性や「選択」性に自覚的ではなく、メンバーと非メンバーの境界もイエに比べるとあいまいである。加入は、たまたま同じ地域で活動していたとか、同じ職業だとかといった事実に基づくのが一般的だ。

②一揆は、イエと違って、基底的で永続的な集合目標をもたない。つまりイエのように存続自体が集合目標になっているわけではない。一揆は、特定の共有された集合目標は常にもち、時間的な展望は限られている（言い換えれば現在中心で、遠い将来までも視野に入れた目標にはなっていない）。

③一揆は、機能的階統制はもたない。一揆は、ひとりの首長への強く長期にわたる従属を好まない。平等指向が非常に強く、身分や役割の階統構造の形成に対しては意識的に反発する。一揆の集合的な意思決定は――一般には談合や根回しを経たうえで「寄合」による全員一致が目指されるという意味で――民主的である。

④一揆の自立性は、イエに比べて弱い。とりわけ、内部で生じた対立や紛争の処理能力に欠けている。対立・紛争は、外部からの脅威や外圧によって潜在化されるか、さもなければ

一部のメンバーの離脱や集団の分裂によって解決される。

このように、一揆は、イエの有する性質をことごとく「未熟」な状態で有しているように見える。イエとの関連で、一揆は、まるで進化の低い段階にあるかのようなのだ。ここから、次のような仮説を立ててみよう。イエ型集団もまた、本来は、一揆状の集団だったのだ、と。本来は一揆的なものが、イエ的なものへと生成変化していったのではないか。

こうした仮説の傍証となる事実もある。本郷和人によると、中世の地主と作人との関係を調べると、「散りがかり」と呼ばれる様態が見えてくる、と述べている。[*53] 散りがかりとは、――ひとりの地主が複数の作人を雇用するのは当然だが――ひとりの作人が、複数の地主と請け作の関係を結んでいる状態だ。何人もの主人がいる関係だと言ってよい。実のところ、武士の主従関係も、鎌倉幕府が始まる前は、散りがかり的であった。従者は、複数の主人をもっていたので、必然的に、どの主人に対する忠誠も限定的なものになる。

この散りがかり的な関係の清算を要求したのが、源頼朝である。頼朝は武士たちに、天皇や他の貴族・荘園領主（王臣子孫）への従属をすべて断ち切らせ、彼に対してのみ真の忠誠を捧げ

＊52　村上・公文・佐藤『文明としてのイエ社会』三五五～三五七頁。

＊53　本郷和人『武士とはなにか』一九八～二〇一頁。作人とは、土地を実際に自分で耕すか、あるいは他人にそれをやらせ、米で支払う「年貢」（律令の田租に由来）と銭で支払う「公事」（律令の庸・調に由来）を負担した者のことである。地主は、農民ではなく武士である。

ることを厳しく要求した。これが、御家人制だ。こうして、御家人たちの集団は、頼朝を棟梁とする大きなイエ型集団となる。イエの階統制は、どのレベルの臣下もひとりの主人に仕えるツリーの形状になる。それに対して、本郷は、散りがかりの方は――ドゥルーズ＝ガタリが広めた流行語によって――リゾームである、とする。

従者が、固定的で強い支配－従属関係を嫌い、自由（解放）や平等への指向が強いときには、散りがかり的（リゾーム状の）主従関係になるだろう。ツリー的関係を散りがかり的な関係へと遡り、さらにその線を先まで延長させていけば、一揆的な集団に到達するはずだ。中世の百姓たちの自治的な地縁共同体のことを「惣村」と呼ぶ。惣村に張り巡らされていたのは、地主と小農の間の散りがかり的な関係である。地主だけではなく小農も衆議の構成員として、惣村の意志決定や運営に参加した。惣村で重視されたのは、「一味同心」「一味和合」である。「一味」が意味するところは、「一揆」という語と同じだ。惣村は、集合的行動としての一揆を何度も繰り返した後に生まれたのではなかろうか。[*54] 端的に言えば、惣村は、持続的に維持されている一揆である。

こうした事実が示唆しているのは次のことだ。すなわち、本来は一揆的な関係性があり、そこから散りがかり的な弱い主従関係が発生し、さらに、それが、ツリー的な階統制をもつイエ的集団へと成長した、と。このような変化が生じた原因は明らかだろう。戦闘のためだ。階統制の典型が軍隊にあることからも明らかなように、戦闘者の集団には、イエはきわめて有効な組織だった。強い敵との戦闘に勝ち抜くためには、一揆的な関係性からイエ型集団へと転換する必要があった。武士たちの共同性にとってイエ型集団が適合的だった理由はここにある。

5　倣い拡大の原理

この章の第3節で、イエ的集団の四つの特性について論じておいた。イエには、実は、もうひとつ重要な特性がある。ここまでの議論の中で、暗黙のうちに前提にはしているのだが、明示してはいないもうひとつの特性があるのだ。それは、イエの四つ目の特性――自立性への強い指向――に反しているように見える。いや「反している」は言い過ぎかもしれないが、他から独立して自立しようとする傾向とは反対を向いている。イエ型集団は、「倣い拡大」への強いポテンシャルをもっているのだ。

「倣い拡大」とは、村上・公文・佐藤が導入した用語で、ある集団的主体G_0の上位に、その集団的主体G_0を要素として含む包括的な集団的主体G_1が形成される際に、下位の集団的主体G_0の組織原理がそのまま拡大適用されることを指す。[*55] G_0を統一的な集団として形成した組織原理が、G_1にもそのまま再帰的に適用されているのだ。それゆえ、上位の集団的主体G_1の組織原則の特質は、そのまま下位の集団的主体G_0の組織原則を表現する語彙によって記述することができる。

＊54　村上・公文・佐藤『文明としてのイエ社会』三五二頁。
＊55　同書、二七四頁。

こうした倣い拡大が柔軟に生ずるところに、イエの特徴のひとつがある。小さなイエがあったとして、そのイエの集合もまたイエとして組織される。その上位のイエも、さらに上位のイエの内的な要素となりうる。これが倣い拡大である。逆方向の運動、つまり倣い縮小も生じうる。すなわち、イエが、その内部の下位主体として、小さなイエを分化させることもある。しかし、より優勢で重要なのは、倣い拡大の方である。

武士の集団が大規模化できたのは、倣い拡大の性能をもっていたからである。とりわけ、地方の弓馬を操る豪族の集団が、最終的には、源氏のような王臣子孫を棟梁とする大規模なイエにまで成長するにあたって、倣い拡大の原則が何段階も適用されたはずだ。倣い拡大のおかげで、地方の牛乳（豪族たち）は乳酸菌（王臣子孫）と反応し、ヨーグルトになることができた、と言うことができるだろう。

倣い拡大というメカニズムは、イエの本来の特性、つまり局域でまとまり、自立的な主体であろうとする傾向とは反するように見える。この点について次のように考えることはできないだろうか。倣い拡大は、抑圧された「一揆的性質」が回帰してきたものだ、と。イエが成熟するためには――われわれの仮説では――、一揆的な条件を克服し、抑圧しなくてはならない。しかし、一揆的なるものが、成熟したイエにおいて、「抑圧されたものの回帰」（フロイト）の様式で、あらためて出現することがある。一揆性が回帰するということは、従者たちが、いま臣従している主人を相対化しようとする、ということだ。ただし、相対化しようとするそのヴェクトルは、直ちに、さらなるイエを形成しようとするヴェクトルに再補捉されるので、結局、「この主人」の相対化は、その主人の上位にある、包括的なイエの主人への従属というかたちで収束する。これが倣い拡大という現象である。こうして、武士のイエは、局域で自立化しようとしつつ、他方で、包括的なイエへと倣い拡大しようともする。

さらに付け加えておけば、日本人にとっての「私（わたくし）―公（おおやけ）」という区別は、イエにおいて典型的に現れる、こうした反復的な倣い拡大の構成を前提にしている。「わたくし」と「おおやけ」の区別は、相対的なものである。倣い拡大的な重層性があるとき、下位の主体にとって、上位の主体に関わることが「おおやけ」であり、下位の主体自身に関係することが「わたくし」である。

Ⅷ　〈女〉としての天皇

1　中皇命

天皇と武士が共存したのはなぜなのか。それは、いかなるメカニズム、いかなる論理に媒介されていたのか。これについて最終的な理論的仮説を提起すべきときが近づいている。最後に、もう一本だけ補助線を引いておきたい。

Ⅲ―4で、大嘗祭についての折口信夫の解釈を紹介した。その際、折口は明言してはいないが、折口が述べていることの含意をとれば、天皇は神の嫁であり、女だということになる、と述べておいた。「大嘗祭の本義」は、昭和三年（一九二八年）に大嘗祭が行われる直前になされた講演である。折口は、敗戦の翌年、つまり昭和二十一年（一九四六年）の十月に発表した「女帝考」では、「大嘗祭の本義」では暗示しかしなかったことを、もっとはっきりと論ずることになる。[*56] もともと折口には、「水の女」（昭和二〜三年）という論考で、古代の宮廷には、水の呪力に関与した女性がいて、天皇の即位においては禊に奉仕した、と論じていた。[*57] また「大嘗祭の本義」においても、物忌みの後の天皇のふんどしの紐を解く水の女の役割に注目していた。「女帝考」は、天皇のすぐ近くにある女、皇后でもあったと考えられる女についてのテーマを、さらに圧倒的に敷衍したものだと言える。[*58]

「女帝考」で折口がまず注目するのは、飯豊《いひとよ》皇女である。『古事記』によれば飯豊皇女は、イチノヘノオシハワケ（市辺忍歯別）王の妹だ。[*59] イチノヘノオシハワケ王は、履中天皇の子だったが、雄略天皇によって殺された。雄略天皇は、Ⅲ－2で言及したワカタケルである。そこでも論じたように、当時は、他の皇位継承候補者を全部殺してから即位するのは普通のことだった。折口が本居宣長の訓《よ》みに逆らって提案している『古事記』の訓読によると、不遇の兄をもつこの皇女・飯豊は、清寧天皇（雄略天皇の次の天皇）の没後、廷臣たちからきわめて重要な仕事が任せられる。日継の次第を、つまり清寧の次の天皇を決定して欲しい、というのだ。飯豊皇女は期待によく応え、はるか遠くの播磨に潜んでいた、イチノヘノオシハワケ王の二人の遺児を見出した。彼らは、それぞれ顕宗《けんぞう》天皇・仁賢《にんけん》天皇として即位することになった。

天皇家が断絶の危機にあったとき、飯豊皇女に重大事が委ねられた。これほどの期待がかかるのは、彼女に特別な霊的資質があると信じられていたからだ、と折口は推測する。ここで折口が導き出そうとしているのは、「宮廷高巫」の存在である。常人には知りえない神聖さに反応し、そこから感受したことを人々に告げ知らせる霊力をもった女性だ。折口は、飯豊に異能が備わっていたことを暗示する素材として、『日本書紀』にある奇妙な記事を引いている。飯豊皇女が角刺宮《つのさしみや》で「與夫初交《まぐはひ》」し、「女の道の一端を知った」云々と周囲に語った、と。折口は、宮廷高巫の仕事に性的なものを見ていたのだ。その女は、神の嫁を務めている。そして、Ⅲ－4で論じたように、折口の考えでは、大嘗祭において天皇は、まさに神の嫁になるのだった。

折口は、さらに「中皇命」を主題として考察を進める。中皇命は、万葉集にその歌が収められている飛鳥時代の歌人で、皇后か女帝であると考えられている。折口は、この語を「ナカツスメラミコト」と訓む喜田貞吉の説に賛意を示した上で、この語の意味を「中継ぎ天皇」だとする喜田の解釈を斥ける。中継ぎ天皇とは、先の天皇と次の天皇との間にできた空位期間をうめるワンポイントリリーフのような天皇という意味だが、文献から知りうる事実と整合しない。天皇と中皇命が並存していたと思われるからだ。

折口の考えでは、中皇命は「天皇と、何かほかとの間にゐられる御方」を指している。まず

＊56　折口信夫「女帝考」『折口信夫全集』第二十巻、中央公論社、一九五六年。
＊57　折口信夫「水の女」『折口信夫全集』第二巻、中央公論社、一九五五年。
＊58　以下が参考になる。中村生雄『折口信夫の戦後天皇論』法藏館、一九九五年。
＊59　『日本書紀』では娘となっている。どちらが正しいのかわからない。

天皇《すめらみこと》の「すめら」は最高・最貴の意味であり、「みこと」は「御言執《みこともち》」の略だ。中皇命は、それゆえ、天皇でありかつ、何かの「中」（中間）に位置する、ということになる。何と何の中間なのか。折口の結論を言えば、一方に、随意にその意思を示す神がいて、他方に、人間である天皇がおり、両者の間の仲介者となる聖者が、中皇命である。要するに、中皇命は、神の聖語を伝達する媒介者である。

　ここで、天皇の即位礼でもあった大嘗祭に関して、折口が述べていたことを思い起こしてほしい（Ⅲ－4）。大嘗祭において、天皇は最終的には、高御座《たかみくら》に立って祝詞《のりと》を発する。大嘗祭が目指していたところは、まさにこの行為にある。祝詞は、神の言葉だ。天皇がまさに天皇になるそのときの行いが示しているように、天皇の本質は、折口の考えでは、「みこともち」（神の言葉の伝達者）にある。ところで、今見たように、中皇命は、「みこともち」の中の「みこともち」、純化された「みこともち」である。そうであるとすれば、中皇命の方にこそ、天皇の天皇たる所以が具現化されていることになる。実際、折口はこう述べる。

> 中天皇が神意を承け、其告げによつて、人間なるすめらみことが、其を実現するのが、宮廷政治の原則だつた。さうして、其両様並行して完備するのが、正常な姿であつたのが、時としては、さうした形が行はれずに、片方のなかつすめらみこと制だけが行はれることがあつた。さうして、其が表面に出て来ることが、稀にはあつた。此がわが国元来の女帝の御姿であつた。だから、なかつすめらみこと単式の制で、別に誰かが実際の政務

を執れば、国は整うて行ったのである。*60

これは驚くべき発言である。今日、日本人は、女帝を認めるべきかどうか、などということで大騒ぎの議論をしている。この議論は、天皇は男であることが圧倒的な原則である、という前提でなされているが、折口の見るところでは、まったく逆に、女帝の方こそが、天皇の本性に近いところにいる。もし男の天皇と女帝とのどちらかを取らなくてはならないのであれば、後者を取るべきであり、女帝さえいれば、男の天皇はいなくてもかまわない。折口はここまで言っているのだ。

2　どちらが男でどちらが女か

私は、「女帝」をめぐる折口信夫の議論に説得力があると考える。しかし、歴史学者や民俗学者で、以上の折口説をそのまま受け入れている人はごく少数だろう。が、仮に個々の事実の認定に関して折口にいくつかの誤りがあったとしても、あるいは大嘗祭の個々のアイテムや『古事記』『日本書紀』のいくつかの文言についての折口の解釈に過剰な想像が含まれているとしても、それでもなお、折口説を支えている基本的な直観は、天皇の本性についての深い洞察を含んでいると言えるのではないか。折口が直観したこととは何か。繰り返せば、それは、天皇

*60　折口「女帝考」一四〜一五頁。

が――その生物学的な性別とは別に――女性性を帯びているということ、それゆえ、天皇は性的に両義的であるということ、これである。

この洞察は、われわれの探究にとってはきわめて有意義だ。というのも、武士との関係において天皇を見たとき、天皇はまさに性的な両義性を呈するからである。天皇をはっきりと男と見なすわけにはいかない、天皇はむしろ女性的でさえある、というような両義性を、である。すこし説明しよう。

武士の起源に関して、われわれは桃崎有一郎の研究に依拠した（V－4）。武士は、地方の有力豪族に王臣子孫という貴姓が投入されたことによって創発された、と。この創発を発酵食品（ヨーグルト）に喩えたあとに続けて、桃崎は、地方社会の豪族は卵であり、王臣子孫の方はオスの胤《たね》である、とも述べる。[61] この卵子（＝地方の豪族）と精子（＝王臣子孫）という対応は、「発酵食品」の比喩とは違って、単純な記述に近い。というのも、実際に、中央の貴姓（源氏とか藤原とか）は男系の血統としてやってきて、武士のイエの系譜的アイデンティティの根幹を形成したのだし、地方の豪族の方は女系としてこれを受け入れ、女を提供したからだ。

だが、男／女に関しては、まったく逆の対応も可能である。王臣子孫は、言うまでもなく、公家の世界に通じており、その先には天皇がいる。公家的な文化やライフスタイルと地方の武士のライフスタイルや職能を比較したとき、男性的と言えるのは、明らかに後者であり、前者はむしろ女性的である。確かに、精子と男系の――それゆえイエの系譜の――名前は、王臣子孫から与えられ、地方の豪族の女系の姻戚であり、卵子の提供者だ。しかし、男系であるはずの王臣子孫の方が、その行動の様式からすれば女性的だと言わねばならない。

天皇（公家）と武士は、血統の事実とはねじれた形で、前者に女を後者に男を割り振って、対応させるべきだ。性的差異についてのこうした錯綜した状態を考慮に入れたとき、われわれは思いもよらぬところから、理論化のためのトゥールを導入できることに気づくことになる。「思いもよらぬところ」とは、精神分析のジャック・ラカンが提起した「性化の公式」である。*62 われわれが探究している謎、天皇と武士との共存という謎は、性化の公式を活用すると説明可能なものになる。中でも、とりわけ有効なのは、「女の公式」である。なぜなら、述べてきたように、天皇との関係は女との関係であり、武士は単体では「男」のように振る舞っていたとしても、天皇との関係の中に置いたときには、むしろ女性性を帯びるからである。これが以下に提起したい仮説だ。

---

*61　桃崎『武士の起源を解きあかす』三一九頁。

*62　Jacques Lacan, *Le Séminaire, Livre XX: Encore*（1972-1973）, Paris: Éditions du Seuil, 1975. ラカンの「性化の公式 fomulas de la sexuation」については、ジョアン・コプチェクの解説がわかりやすく、またその含意をよく引き出している。われわれも、以下のコプチェクの著書を参照している。Joan Copjec, *Read My Desire: Lacan Against the Historiecists*, Cambridge: MIT Press, 1994.

性的差異についてのラカンの公式は、述語論理の論理式を用いて表現されている。論理式の読み方を簡単に解説しておこう。関数の形をした論理式P(x)は「xはPである」と読む。この論理式は、xがPという性質をもっている、ということを意味している。xが主語で、Pが述語である。

述語論理では、主語にあたるxを量化することができる。「量化」というのは、論理学の世界の業界用語だが、次のような意味だ。論理式の前に、「∀x」と付いていれば、つまり、

$$\forall x\ P(x)$$

となっていれば、それは、「すべてのxがPである」という意味になる。「すべての」を意味する記号「∀」を「全称量化子」と呼ぶ。いかにも難しげな用語だが、記号∀は、Aを上下に反転させたものであることを思うと、少し気楽になる。何のAなのかと言えば“All”である。

これに対して、論理式の前に「∃x」と付いていれば、つまり、

$$\exists x\ P(x)$$

となっていれば、それは「Pであるようなxが存在している」という意味になる。「存在している」を意味している記号「∃」は「存在量化子」と呼ばれる。記号∃は、Eを左右に反転させたものだ。Eは"Exist"に由来する。

「すべてのxはPである」という全称命題と、「Pであるようなxが存在している」という存在命題の違いに注意しておく必要がある。「すべての日本人は勇敢だ」という命題は、一人でも臆病な日本人がいれば反証されてしまう。それに対して、「勇敢な日本人が存在している」という命題は、仮に大半の日本人が臆病だったとしても、日本人の中に一人でも勇敢な人がいれば真である。[*63]

もうひとつ必要な記号は「¬」である。これは、否定(not)を意味する記号だ。論理式の前にこれが付いていると、その論理式は否定される。¬Pは、「Pではない(Pの否定)」を意味する。

*63 全称命題が真であるためには、ある性質Pを満たすXがたくさんなければならず、存在命題が真であるためには、ある性質Pを満たすXがごくわずかでも——ときにはたったひとつでも——十分だ。このように思うだろう。確かにその通りなのだが、このような対照の関係が崩れるときがある。たとえば「すべてのバルタン星人はハサミのような手をもつ」は、バルタン星人が実在しなくても真である。しかし、「ハサミのような手をもつバルタン星人が存在する」という存在命題が真になるためには、ほんとうにそのようなバルタン星人が少なくとも一人存在しなくてはならない。全称命題(普遍命題)と存在命題との間のきれいな対照性が、ここで突然、崩れる。このことの存在論的含意については、以下を参照。大澤真幸『行為の代数学　スペンサー＝ブラウンから社会システム論へ』補遺、青土社、一九九九年。

あるいは$\neg P(x)$は、「xはPではない」ということになる。

これだけ準備しておけば十分だ。以下では、述語として、(Pではなく)Φを使う。ラカンがこの記号を(ある理由があって)使っているからだが、ここでは特に気にする必要はない。

4　「すべてではない」が……

以下のいくつもの論理式は、武士の視点からの世界を表現している。つまり、それらは武士の主観的な世界を表現している。わかりにくければ、すべて特定の(典型的な)ひとりの武士の心の中を表している、と思えばよい。この点を留意しておかなくてはならない。われわれの説明は、武士の視点からのものでなくては無効である。というのも、武士が——その圧倒的な実力にもかかわらず——天皇制を排除しなかったのはなぜか、が問題になっているのだから。先に暗示した見通しを繰り返しておけば、天皇の本性が(折口信夫が直観しているように)女性性にあるとすれば、武士もまた、天皇との関係においては、つまり天皇に自らを託して自身のアイデンティティを確認しようとしている限りにおいて、言わば、女性化しているはずだ。ラカンの「女の公式」が活用できるという見通しは、ここからきている。いずれにせよ、ラカンとの対応に特段の興味がない者にとっては、ここで「女／男」ということにこだわる必要はない。論理の筋に純粋に従うことが肝心である。

さて、説明のための起点として適切なのは、次の論理式だ。

$\neg\forall x\Phi(x)$　すべてのxがΦであるというわけではない　………①

ここで、xは、ひとりの武士の心の中のさまざまな要素であるとする。Φ(x)は、要素xが、その武士の属するイエの私的利害に捧げられているということ、イエの私的利害の支配のもとにあるということを意味している、と考えてみよう。このとき、論理式①は、武士の心性に関して、次のような解釈を与えることができる。

まず、どの武士も、自分が所属するイエの私的利害Φのために戦っている。あるいは——同じことだが——武士は、イエに所属する所領のために——所領を維持したり拡大したりするために——戦っている。武士は、イエの主人のために戦っている、と言い換えることもできる。武士の戦いの目的はこれ——「イエの私的利害のため」——しかない。そうだとすると、武士の心の中にあるものxはことごとく、「イエの私的利害」という述語Φに支配されているはずだ。わかりやすく言えば、それぞれの武士は、「私のイエのことで頭が一杯だ」という状態にある。

……とこのように考えを進めていくと、論理式①は、武士の心性の表現として適切ではないように思える。つまり、武士のこのような心の状態を表す論理式は、①ではなく、$\forall x\Phi(x)$でなくてはならないように思える。論理式①の頭に付いている否定辞「¬(not)」が余分なのだ。

だが、さらに、武士の心性を慎重に見てみよう。確かに、戦闘者としての武士の心の中ののxはすべて述語Φ(イエの私的利害)に包摂されている。にもかかわらず、武士たちには、「イエの私的利害」「自身が所属するイエの名利」ということですべてが尽くされているわけではない、という感覚もあるはずだ。なぜそんなことが言えるのか。

ここで念頭においているのは、前章Ⅶ－5で述べた「倣い拡大」のことである。倣い拡大とは、分家が本家の中に包摂されるように、小さなイエが、同じようにイエの原理によって成り立つ包括的な集団の中に（どこまでも）組み込まれていく、というメカニズムであった。どうして武士のイエは倣い拡大へのポテンシャルをもっているのかを思い返してみよう。どうして、私のこのイエが、さらに大きなイエに包摂されることになるのか。武士たる私にとって、この（小さな）イエが――あるいはこの（小さな）イエの主人が――すべてだというわけではないからであろう。武士はイエのために、あるいはイエの惣領のために全精力を尽くして戦っている……にもかかわらず、イエ（の惣領）が相対化されもするのだ。

たとえば、宇治川の合戦で有名な先陣争いをした、佐々木高綱と梶原景季のことを思おう。敵（木曽義仲の軍勢）からの矢が降り注ぐ中、馬で宇治川に乗り入れたとき、高綱と景季は、それぞれ佐々木家、梶原家のために戦ったのか。佐々木家・梶原家の名誉のため、そして戦後の論功行賞によってそれぞれのイエに与えられる褒美のために戦ったのか。もちろん、そうであろう。しかし、かくも危険な行動に出た理由は、彼らにとって、それだけではない。高綱は、佐々木家のためだけではなく、当然のことながら、頼朝のため、源氏のためにも戦っている。先陣争いで自分が死んでしまえば、佐々木家にとっては、あまりにも大きな喪失だが、あえて果敢にこれに挑むことができたのは、仮に戦死しても、義経が率いている頼朝勢の勝利には貢献するからだ。景季も同様である。二人はともに、自分が直接に所属する私的なイエ（佐々木家、梶原家）のために全精力を費やしているが、にもかかわらず、それに尽きず、より包括的なイエ（源氏）に貢献しようともしているのである。このような思いがあるからこそ、佐々木のイエも梶原のイエも倣い拡大してより上位のイエ（源氏）の部分になることもできるのだ。言い換えれば、小さなイエの集合が、さらに上位の包括的なイエとして統合されるのは、個々の武士にこのような態度があるからだ。

とりあえず、まず目を向けなくてはならないのは、上位の包括的なイエの方ではない。どの武士も、自分が直接所属するイエの私的利害のために全力を尽くしているのに、なお、それだけではすべてとは言えない、ということが重要だ。この点を視野に入れれば、論理式①は、武士の心性の表現として適切だということになる。つまりこの論理式①は、「イエの私的利害がすべてだというわけではない」と解釈される。

*

さて、具体的なイメージにとらわれすぎず、純粋に論理的に筋を追うことが今は重要だ。すると、論理式①からの発展として自然に導かれるのは、次の論理式である。

$\exists x \neg \Phi(x)$　　Φではないxが存在する　………②

少なくとも純論理的には、「①→②」の移行はまことに自然、というか当然である。なぜならば、論理的には、①と②は完全に同値なのだから。つまり、論理の上では、②は①の単純な言い換えである。「①ならば②」は、トートロジカルに真だ。

論理式②は、述語Φによって支配されてはいない何かxが存在している、ということを表現している。つまり、武士の主観的な世界の中に、自分が所属するイエの私的な利害のためということでは説明できないものがある、というのが論理式②の意味である。そのΦ（イエの私的利害）には包摂されていないxが、「天皇（のためという思い）」だとしてみよう。今しがた使った宇治川の先陣争いの事例では、Φ（佐々木家のため、梶原家のため）に包摂されないxは、「源氏（頼朝）のため」という情熱だったわけだが、源氏がそのような忠誠の対象になるのは、結局、源氏が貴種だから——天皇に結びついているから——であろう。そうだとすると、Φの支配から逃れて（武士の心の中に）存在しているxの最終的な形態は、「天皇（のため）」だとする解釈は、きわめて自然である。かくして、論理式①と②のセットによって、（武士たちの）天皇崇拝を記述できる……そのように見えるのだ。

ここまでの説明を、もう一度、確認しておこう。論理式①は、武士がそのために戦っているところのイエの（私的）利害Φが——その武士自身にとって——「すべてというわけではない」ということを意味していた。したがって、（個々の）武士の心の中には、「イエの利害（イエの領地の保持、主君の勝利や名誉、イエの系譜的な持続等）Φを超えた何かxがある」ということになる。そのことを端的に表現しているのが論理式②である。このxに「天皇（につくそうとする思い）」を代入すれば、どうだろうか。このとき、論理式②は、武士の主観的な世界の中に、イエの私的利害を超えた崇高なものとして「天皇」が存在していることを意味している。つまり、論理式②は、武士の「天皇」への崇拝心、「天皇」に連なる高貴なものへの武士の信従が表現されている、と解釈できるのではないか。

*

と、順調に論が進められてきたように見える。だがここで、今述べたばかりのことを否定しなくてはならない。実際には、論理式①と②の組み合わせは、武士と天皇との間の関係の記述になってはいない。この二つの論理式のセットは、武士の天皇に対する態度を適切に抽象化し、表現するものではないのだ。

思い起こしておこう。武士は、天皇を素朴に崇拝していたわけではない。彼らは、天皇を半ば嘲笑しつつ——ときには積極的に軽蔑さえしながら——、天皇を利用するときだけ利用していた。そこまで天皇を圧倒し、バカにしていたのに、武士が天皇制を後生大事に温存してきたのはどうしてなのか。これが疑問だったわけだが、論理式①と②の組では、武士の態度のこうした両極性はまったく表現されてはいない。

どこに問題があったのか。論理式①から②への展開は自明で自然なものだと、先に述べた。が、そうではないのだ。論理式①とまず最初に並立させられるべきなのは、論理式②ではなく、次の論理式である。

$\neg\exists x \neg\Phi(x)$　Φではないxは存在しない　………③

論理式①かつ論理式③。このセットがまずは置かれなくてはならない。と、このように主張すると、直ちに反論されるだろう。それはまったく不合理だ、と。①と②は同値なので、その並立（両者を「かつ」によってつなぐこと）には何の問題も生じないが、①と③では、事情が正反対である。論理式①と論理式③は、相互に否定の関係にあるのだ。したがって、この二つのセットは内在的に矛盾しており、二つの論理式を両立させることは論理的には不可能だ。

だが、よく考えてみよ。すべてのものがΦというわけではない（①）という命題は、未だ、Φを超えるもの、Φではない別のものが積極的に存在している、ということまでは主張してはいない。十分に考え尽くし、準備し尽くしたのにそれでも「何かが足りない（これらがすべてではない）」と感じるが、その「何か」が何であるかをはっきり言えない、というときがあるだろう。そんなときのことを思えばよい。そうであるとすれば、①でありながら、同時に、Φではないものは存在しない（③）ということもありうるはずだ。

たとえば、こんな状況を想像してみるとよい。今あなたの前にある大きなテーブルには、さまざまな物が、ありとあらゆる物が集められて置かれている。そのテーブルの（あなたとは）反対側には、幕《ヴェール》が張ってあって、その向こう側は見えない。すると、あなたは、「ここに見えているものがすべてではない」（①）と言わなくてはならない。幕の向こう側にも何かがあるかもしれないからだ。わざわざ幕で隠されているくらいだから、見えているどの物よりも貴重な物があるのかもしれない。ところが実際には、幕の向こう側には何もないとすればどうか。「ここに見えているものを超えた何かは存在しない」(③)ということになるはずだ。論理式①と③の組は矛盾してはいるが、しかし、両立させることができる。今述べたように、①は、Φという規定を超えたものの存在について何も言っていないのだから、論理式①と最初に組み合わせるべきなのは、論理式②ではなく、論理式③の方でなくてはならない。

さて、この論理式①と論理式③のセットこそ、ラカンの「女の公式」である。どうして、これによって、女が定義されたことになるのか。この点についての解説は長くなるので、ここでは省略しよう。ただ、こうした組み合わせは矛盾してはいるが、積極的な意味をもつということを見出したのは、ラカンが最初ではない、とだけは言っておこう。ジョアン・コプチェクによれば、ラカンの性化の公式は、カントが『純粋理性批判』で二律背反《アンチノミー》と呼んだものと正確に対応している。普通は、相互に否定の関係にある二つの命題のうち、一方が真で、他方が偽である。一方の命題が真だとわかれば、自動的に、それの否定を意味するもう一方の命題は偽であるとわかる(たとえば「東京は美しい」が真ならば、「東京は美しくない」は偽になる)。しかし、カントによると、ときに、肯定と否定の両方の命題がともに偽になったり、ともに真になったりするケースがあり、そのようなケースを彼は「二律背反」と呼んだ。二律背反にも、数学的なタイプと力学的なタイプの二種類があり、コプチェクの鮮やかな解釈によれば、ラカンの女の公式は、カントの数学的アンチノミーと等価である。[*64]

ラカンやカントの議論に深入りするのはやめておこう。われわれにとって重要なのは、論理式①と③の組を、この日本史の謎に適用したとき、何を意味しているのかということである。論理式①は、何度も述べたように、武士が、自分のイエの利益や存続のために全精力を傾けて戦っているのに、なお、それが自分にとってすべてではない、という感覚を残している状態を意味している。これに論理式③を重ねたときにはどうなるのか。武士は、イエの成功や存続がすべてというわけではないと思いつつも、それを超えるものx、イエの利害をその内部に包括するような「それ以上の何かx」を積極的には見出してはいない、ということになる。

これは、たとえば次のような心的状態を指している。佐々木高綱は、日夜、佐々木家のために戦っている。「佐々木家のため」という目標に結びつかないものは、彼の心の中にはない。が、高綱は、それだけでは何かが足りない、と感じてもいる。自分のイエのため、イエの私的名利のためだけに自分の人生が捧げられているとすれば、自分のイエのこと以外はどうなってもかまわないと思うような人生であったとすれば、その人生は、あまりにもスケールが小さく、どこか虚しい。高綱はそんなふうにも感じているのだ。では、(自分の)私的なイエを超える大義があるのか、と言えば、自分を惹きつけるそんな大義も見つからない。自分には、「私のイエのため」を超えるような使命が与えられてはいない。そのような使命を自分にもたらすべく、私に呼びかけてくる者はどこにもない。これが、論理式①と論理式③のセットによって記述される心的状態の一例である。

ではこのセットは、武士と天皇の関係を適切に表現しているだろうか。われわれは、論理式

①と②のセットを斥けたわけだが、論理式①と③であれば、武士と天皇の関係の表現になるだろうか。明らかにこれもダメである。このセットは、武士が、天皇であれ何であれ、イエの利害を超える何ものに対しても忠誠心をもってはいない状態を意味している。だが、われわれが日本の歴史を振り返りながら見てきたことは、武士たちが天皇への関心からどうしても離脱できない状況だった。この不可解な関心を表示するものが、これら二つの論理式の組にはない。

5　永遠の移行過程

では、どう考えたらよいのか。今、以下のどちらの論理式のペアA、Bも、われわれがその謎を解明しようとしている事態の記述としては不適切だ、ということが判明した。

A……①　$\neg\forall x\Phi(x)$　③　$\neg\exists x\neg\Phi(x)$

B……①　$\neg\forall x\Phi(x)$　②　$\exists x\neg\Phi(x)$

どう考えればよいのか。結論を言おう。武士と天皇の関係を説明するのは、Aの組でもBの

＊64　John Copjec, *Read My Desire : Lacan Against the Historicists*, Cambridge: MIT Press, 1994, Chapter8.「数学的／力学的」という表現にこだわる必要はない。とにかく二種類のアンチノミーがある、ということが重要で、そのことがラカンの性化の公式との対応によってクリアに見えてくる。

組でもなく、AからBへの移行過程である。先に述べたように、――論理式①を端緒とする限り――、存在論的に先行性をもつのは、Aの方――ラカンの「女の公式」に対応する方――である。Aは、世界に「空所」――あるいは「裂け目」と呼ぶべきかもしれない――を用意している。Φによってはすべては尽くされない、としながら、Φを超える何かが存在してはいないのだから。その空所が、何らかの超越的な実体xによって埋められれば、AからBへの移行が完遂したことになる。論理式のレベルで言えば、それはAの組の中の③が②に置き換わることに相当する。空所を埋める超越的な実体xとして想定されているのは、この日本社会では、「天皇（のためという大義）」である。

しかし、日本の歴史の中で、「A→B」の移行は、完全には果たされない。果たされたことがない。純粋なAも純粋なBも存在したことがないのだ。日本の中世・近世史は、AとBの中間を振幅する過程として描くことができる。Aに近づいたときもあれば、Bに近づいたときもあるが、どちらかに到達したまま安定状態が続く、ということはなかった。武士の天皇に対するあいまいな依存関係は、AとBとの間の移行性、両者の中間性によって説明することができる。

天皇を基準にして、武士に対して求心力と遠心力の両方が作用しているように見える、と述べておいた（V－5、VI）。遠心力が強く利いているように見えるのは、武士の態度がAの方に寄っているときである。このとき、武士は、イエを超えるものへの関心を失いかけている。逆に、求心力が優位になっているのは、武士の態度がBの方に近づいているときである。武士は、天皇xに憧れ、魅了されている。

地方で武装した豪族が、自分たちの私的な利害のために暴れまわっていただけでは、武士というカテゴリーの人間は生まれなかった。武士が武士としての自覚とアイデンティティをもち、しかも日本の歴史の運命を決するような集合的な力を発揮するほどに連帯できるためには、武士は、都に由来する貴種と、そして究極的には天皇と関係づけられる必要があったのだ。このときの武士の態度には、Bによって記述される契機が強く作用している。しかし、天皇の直接の臣下となって、自立性や（公家的なものに回収されない）固有の自尊心を失ってしまったら、このときも武士は消滅していただろう。つまり武士にとって、Aの契機も死活的に重要だった。

われわれは、ここで主として武士が登場した中世・近世を素材にして考察してきたが、Aで表現されるような態度とBで表現される態度との間のあいまいな振幅という状況は、古代の天皇制においても予兆のようなかたちで見出される。詳述する余裕はないが、ヤマトタケルのことを思い起こしておこう（Ⅲ－2）。どうして、最も美しい大王が、死んで、白鳥になった王として表象されているのか。なぜ、天皇に即位できなかった皇子が、最も美しい大王として記憶されているのか。天皇にふさわしいカリスマをもち、天皇の地位に近づきながら、力尽き、白鳥となってどこへともなく消え去ってしまった皇子。（Aから）Bへと向かいながら、到達することなく終わるもののイメージとして、これほど見事なものはほかにあるだろうか。

さらに付け加えておこう。武士と天皇の間に見出されたこれと同じ形式の関係は、天皇と皇帝との間にも認められるということを、である。Ⅲ－3で「天皇」という呼称について論じたことを思い起こしておこう。一方で、天皇（あるいは日本）は、中華の皇帝への服従の態度を示している。しかし、他方で、「天皇」という名前は、その服従が全面的なものではなく、そこに拒絶が含まれていることをも含意している。前者（服従）がBのペアに、後者（拒絶）がAのペアに対応している。

6　一神教について

ここまでの説明の中で、三つの論理式が登場した（①②③）。可能な論理式は、実は、もうひとつある。日本社会の歴史の説明には必要がなかったからここまで積極的には言及しなかったのだが、もうひとつ論理式がありうる。それは、以下の式である。

$\forall x \Phi(x)$　すべてのxはΦである　……④

この論理式④は普遍性（すべてのx）についての肯定的な言明になっている。この論理式④と論理式②の組が、ラカンの「男の公式」である。女の公式の場合と同じように、男の公式を構成する二つの論理式も、相互に否定的である。つまり、男の公式にも矛盾が内在している。[*65] そして、男の公式の方は、カントの力学的二律背反に対応している。

一般には、「矛盾」は男女の間にある、と言われる。だから、男と女の間には葛藤があり、お互いに分かり合うのは難しい、と。だが、ラカンは、男も女もそれぞれ矛盾を自らの内に孕んでいる、と見なした。しかも、男と女では、矛盾の種類が異なっている。それゆえ、ラカンの認定にしたがえば、男と女の間の溝は、ただの矛盾よりも深い。が、今は、この話題に深入りするのは避けておこう。

男の公式、つまり論理式④と論理式②の組の含意は次のことにある。対象をあるカテゴリー（述語）Φによって普遍的に包摂するためには（④）、このカテゴリーΦの内に属さない例外的な一者が必要になる（②）。普遍性の支配が、まさにその普遍的な支配を裏切る例外的なものによって保証される、という逆説がある、というわけである。そうだとすると、論理式④と②からなる男の公式に最も適合的な社会現象が、何であるかがはっきりと見えてくる。それは、厳密な意味での一神教である。一神教において、神は世界を創造し、世界の中のすべてのものは神が定めた法則に拘束されている（④）。このような想定が可能なためには、しかし、神自身が、自らが定める普遍性の外部にある例外的な一者として存在していなくてはならない（②）。

日本社会についての記述の中で、論理式④は現れない。このことは、日本社会の歴史を構成してきた精神が一神教とは縁遠いところにあることを間接的に示唆している。とはいえ、一神教的なものへと接近するための手がかりが、日本の精神の中にまったくなかったわけではない。それは——これまでの説明に用いた道具の中では——Bの組の中の論理式②として現れている。論理式②は、一神教を構成する論理式の対のうちのひとつだった。とはいえ、日本の歴史の中で、A→Bの移行はついに完遂されないのであった。論理式③が②に完全に置換されることはなかった。

＊65　先に論理式①と②は同値だと述べた。論理式④は③と同値である。

7　外部からの脅威の不在

そうだとすると、最後の疑問は、武士たちの――あるいは日本人の――態度は、AとBの間の中間性をどうしていつまでも返上しないのか、ということになる。なぜ、AからBへの移行が終わらないのか。どうして、Aから離陸した態度は、Bへと到達しないのか。

その原因は、結局、日本列島の相対的な孤立性、相対的な周辺性に求めるほかないだろう。日本列島は、海によって――さらに付け加えるならば朝鮮半島によって――、大陸にある文明的な中心から隔てられていた。そのため、大陸の勢力の軍事的な脅威は小さかった。実際、列島が、大陸から攻めてくる勢力によって、制圧されたことは一度もなかった。侵略されるのではないかという恐れをもったことは何度かあったが、それも一時的なことだったし、実際、侵略されることはなかったのだ。このことが、A→Bという移行を完結させない原因となっている。どうしてか。

もともと、イエは、武士たちの戦闘のための合理的な経営体である、と述べた。Bの論理式が記述する態度とは、武士たちのイエの集合を強く結束させる超越的な中心をもつ、ということである。その超越的な中心に相当するものは、もちろん、Bの中の論理式②に現れるxである。しかし、実際には、武士たちのイエの集合は、そこまで強く連帯することはなかった。最もまとまりのよかった江戸の幕藩体制でさえも、藩という比較的大規模なイエの連合体である。もし外部からの軍事的脅威が切迫していれば、あいまいな中心（天皇－将軍）しかもたず、イエたちがそれぞれ高度な自立性をもったままゆるやかに連合している、などという呑気な状態を返上するしかなかっただろう。要するに、イエの集合がすべて臣従するような、実質をもった、超越的な中心を必要としただろう。イエたちの行動を一律に規定する一般的な妥当性をもった法や教義や命令を発行させるにたるような、実質的な中心を、である。そうしなければ、外部の軍事的脅威に対抗できないからだ。

しかし、幸いにも、日本列島は、そのような脅威にはさらされていなかった。少なくとも列島の支配層——武士や公家——は、そのような脅威を感じてはいなかった。そのことが、武家政権と朝廷との共存を可能なものとした。天皇（制）が、「万世一系」の幻想に現実味を与えるほどに長続きできた原因もまた、ここにある。

結に代えて　信長はなぜ殺されたのか

ラカンの「性化の公式」を応用することで、武士と天皇とが共存しえたメカニズムを説明することができる。武士が天皇を温存した理由、武士が天皇を必要としていた理由は、ラカンの「女の公式」（A）を起点においた論理の展開を通じて説明できるのだ。これが、この論考で提案してきた仮説である。

実のところ、ここで示した公式は、〈武士－天皇〉の関係だけではなく、歴史のうちに示されている日本人の社会性と精神の特徴を一般的に説明しうる論理として活用することができる。私は、そのような仮説的な見通しをもっている。しかし、このことを展開するのは、別の機会に譲らねばなるまい。

ここでは、日本の歴史の愛好家たちの間で最も人気のある主題、織田信長はどうして明智光秀に殺されたのか、という主題について考察し、結としておきたい。なぜこの主題なのか。この主題にひとつの説明を与えることを通じて、ここで論じてきたことの傍証を得ることができるからである。

*

明智光秀はどうして織田信長を討ったのか。主君を殺害するどんな動機が光秀にあったのか。これについては、夥しい量のことが書かれ、語られてきた。これからも、この疑問をめぐってさまざまな推論がなされ、仮説が立てられるに違いない。光秀に関して、新しい史料が発見されるかもしれない。しかし、結局、ほんとうのことはわからないだろう。

いずれにせよ、私は、つまらない動機だったのだろう、と推測している。もちろん、光秀本人の観点から見れば、あれほど思い切った行動なのだから、人生を左右するほどの大きな問題があったのだろう。しかし、第三者から見れば、歴史の流れを決した出来事にはふさわしからぬ、個人的な怨恨や失望のようなものが、光秀の行動の理由だったのではあるまいか。「あなたはそんなことであれをやったの！」とわれわれが驚くような、つまり、その動機自体が光秀の器の小ささを示しているような、そうした類の事由が、直接的には、光秀に、裏切りを決断させたのではないか。日本人が光秀の謀反の動機についての詮索をやめられなくなった一因は、光秀の人生の中に見つけられる理由の小ささと本能寺の変の客観的な意義の大きさとの間のギャップが、どうしても埋まらない、ということにあるのではないか。

むしろわれわれははっきりと認めるべきだろう。光秀が自ら意識していた動機は、ほんとうにつまらないものだったのだ、と。わかったところで、たいして知的な利得がないようなことなのだ、と。

では、この主題について考えることが無意味なのか。そうではない。ただし、問い方を変えなくてはならない。どう変えるのか。光秀が意識していたことは、何であったにせよ、われわれの観点からは、ささいなことに見えるだろう。問題は、そんな小さなことで、信長が殺してもよい人、殺しうる人として光秀の目に映じたのはどうしてなのか、ということである。戦国時代であれ、現在であれ、どこにでも転がっているようなありふれた事情がきっかけになって、信長が「殺してもよい人」として光秀の前にたち現れた。その理由はどこにあるのか。このことは、光秀の意識をいくら精査したところで、わからない。光秀は、それを意識してはいないからだ。そして、原因は、光秀ではなく、信長の方にあるからだ。

*

まず、信長が武士の歴史の中で、特異な位置にいることに留意しておこう。

Ⅵで論じたように、中世・近世において、「武家政権と朝廷」との関係は、「朝廷の中の幕府→朝廷の外の幕府→幕府の中の朝廷」という過程を二度、繰り返すのだった。最初の「朝廷の中の幕府」は短命である。「外化を通しての内化」であり、弁証法的な総合でもあるはずの「幕府の中の朝廷」は、総合どころか、まったく逆に、武家政権にとっては破局を意味していた。武家政権が長期にわたって安定できるのは、第二のフェーズ、「朝廷の外の幕府」のみである。どうしてなのか。

このことは、Ⅷ－5で提起した仮説をもとに説明することができる。天皇と武士、朝廷と武家政権の間に均衡をとることができるのは、武士が「A→B」の移行過程の中間にあるときだった。武士は天皇に近づこうとしつつ（B）、同時に天皇からの距離をも維持している（A）。このような二重性を維持しうるのは第二のフェーズ、「朝廷の外の幕府」のときだけである。「朝廷の中の幕府」も「幕府の中の朝廷」も、ともに、あまりにもBに近づき過ぎている。このとき、朝廷と武家政権の間に安定的な関係は築かれない。

さて、問題は、信長の位置であった。「朝廷の中の幕府→朝廷の外の幕府→幕府の中の朝廷」の二度の循環の間にはインターバルがある。それが、およそ一世紀ほど続く戦国時代である。この期間には、事実上、武家政権は存在しないに等しい。と同時に、天皇・朝廷も弱体化している。信長は、このインターバル（戦国時代）の最終局面にいる。言い換えれば、二度目の循環が始まる直前の位置にいるのが信長である。

信長が特異なのは、単に時間的な位置だけではない。天皇への態度に関しても、信長は例外的な武士であることがわかる。

＊

信長は、将軍を、利用するときには利用したが、利用価値がなくなったと思ったらあっさりと廃棄した。足利義昭を京都から追放し、室町幕府を真に終わらせたのは信長である。信長の天皇に対する態度は、この将軍への態度と変わらない。

信長も、天皇の「権威」を利用したことはある。彼は、石山本願寺を屈服させる際に、正親《おおぎ》町《まち》天皇に宸翰《しんかん》（天皇直筆の文書）を書かせた。前関白・近衛前久《さきひさ》が、この文書をもって、本願寺に赴いた。天皇を内心小バカにしつつ、利用するということは、他の多くの武士のリーダーたちがやってきたことなので、信長が特別ではないように思われるかもしれない。実際、こうした天皇の利用は、いかに意識のレベルでは天皇を相対化しているつもりでも、なお天皇に影響力があることを前提にした行動なので、「天皇への求心力」から自由ではないことを普通は意味している。

しかし、信長の場合は、他の武士のリーダーとは異なっていることが、後の行動からわかってくる。つまり、信長が天皇を利用したのは、他者たちが――自分ではなく他者が――、この場合には「石山本願寺」が、天皇の影響力の圏域の中にあることを知っていたからであって、自らは、いささかも天皇の権威に従属する気がなかった、ということがわかってくるのだ。本願寺を倒した翌年、正親町天皇は、信長に左大臣任官を打診してくる。それに対して、信長はなんと、天皇に譲位を示唆し、いずれ親王（誠仁《さねひと》）の即位を自分が「申沙汰《もうしさた》」するので、官位はそのときにもらおう、と答えたのだ。つまり、官位を積極的には受けようとせず、むしろ天皇の交替を自分が仕切ろう、と言ったのだ。「左大臣」ではまだ不満なのかと見た正親町天皇は、征夷大将軍に推任するとの勅使を信長のもとに送るが、これには、信長は返事すらしていない。

　このように、信長は、天皇への求心力から完全に解放されている。このことをよく示しているのは、信長が建てた安土城である。安土城は、（大型の）天守――というより「天主」――をもった最初の城として知られている。安土城の天主閣の隣にある本丸御殿は清涼殿（天皇の居所）を――東西を反転させたうえで――正確に模している。信長は、ここに天皇を迎えるつもりだったのだろう。隣の天主閣に信長は居住した。[*66] すると、天主閣の信長から清涼殿の天皇を見下ろすかたちになる。この構成が含意しているのは、次のことであろう。信長が天皇への求心力の中にいるのではなく、逆に、天皇こそが信長への求心力の中に位置づけられること、これだ。

　信長だけが天皇への求心力から離脱していた。VI－6で述べたように、信長を継いだ秀吉も家康も、それまでの武士と同様に、天皇の求心力の中で活動した。秀吉は、「関白」となり、天皇から「豊臣」の姓をもらい、そして「朝廷の中の幕府」を築こうとした。家康は、「征夷大将軍」となって、「朝廷の外の幕府」を構築した。「左大臣」の位にも、「征夷大将軍」にも、嘲笑的な態度で応じた信長と、これら二人とはまったく異なっている。

　このように信長は圧倒的に例外だ。だが、この例外性は、武士なるものを成立させた原理を信長が純化し徹底させて保有していることの結果と解すべきである。信長は、武士性を否定したのではなく、むしろ徹底させたのだ。どうしてそんなふうに言えるのか。Ⅷで導入した公式を用いて表現すれば、信長は、Aの位置に留まっていて、いささかもBへと向かおうとしていないからだ。信長は、自ら自身を超えるものとして、「天皇」を措定しようとする意志をまったく欠いている。信長は、純粋にAの態度に徹した唯一の武士である。だが、武士的なるものがそこから始まる原点がAにあるのだとすれば、信長はどの武士よりも徹底して武士だったとも言える。

*

しかし、信長が殺された原因も――信長が光秀にとって殺害可能な人間として見えた原因も――ここにある。Aに徹しているということは、信長は、自らの背後に「天皇」を置こう

---

*66　信長は、天主閣で起居した。安土城以降、天守閣をもつ城はいくつも建設されるが（安土城では「天主閣」とされるが、他の城では「天守閣」と表記されるのが普通である）、実際に天守閣で寝起きし、生活した武士は信長だけである。いやそれどころか、明治になるまで、地面に密着していない床の上で居住した日本人は、信長しかいなかった。五重塔など、地面から離れた床をもつ建物は、造られたが、そのような床で暮らそうとは、信長以外、誰も思わなかったのである。信長だけは、いわば、空中で暮らすことに、何のためらいも恐れもいだかなかった。ここに信長の独特の世界観を、「超越」への意志のようなものを見ることができる。それは、前近代の日本人にとって、圧倒的に例外だったのだ。

としなかった、ということである。信長は、自身の権威や権力の裏付けとして、「天皇」にいささかも依拠しようとしなかったのだ。

武士たちは、その実力において、天皇を圧倒していたときでも、制度としての天皇を一般的に排したり、天皇を殺したりはできなかった。どうしてできなかったのか、つまり何が武士たちをして「天皇制の廃止」や「天皇の殺害」へと向かうのを抑止していたのか、われわれは考えてきた。

もし信長の背後に「天皇」を見ることができたら、天皇の殺害不可能性が、信長自身にも転移して、光秀は、信長への謀反を起こすことができなかっただろう。だが、信長が「天皇」から引き離されたらどうか。このとき、家臣となる別の武士から信長はどう見えるか。信長が、殺し得るものとして現れるのではないか。信長に対して強い怨みがあったとき、信長に対して強い怒りを覚えたとき、信長は、殺してもよい対象として現れるのではないか。念のために述べておけば、これは、光秀が天皇を尊敬しており、天皇を蔑ろにしている信長に憤慨した、ということではない。光秀は、特に天皇のことを考えたわけではない。光秀が見たのは、「天皇」というシールドを外している主君信長である。シールドがなければ、信長は、ごくささいな理由によってでも殺しうる対象として現れる。

結局、信長は、武士性の原点に純粋に留まった唯一の武士であったがゆえに、家臣の殺意に対して脆弱だったのだ。

大澤真幸＝1958年生まれ。社会学。個人思想誌「THINKING「O」」主宰。『ナショナリズムの由来』で毎日出版文化賞を受賞。『自由という牢獄』で河合隼雄学芸賞を受賞。ほかの著書に世界史の謎を読み解いた『〈世界史〉の哲学』「古代篇」「中世篇」「東洋篇」「イスラーム篇」「近世篇」のほか、『不可能性の時代』『〈自由〉の条件』『生権力の思想』『可能なる革命』『三島由紀夫　ふたつの謎』『社会学史』など。共著に『ふしぎなキリスト教』『二千年紀の社会と思想』『ゆかいな仏教』『憲法の条件』『げんきな日本論』など。

大澤真幸 THINKING オー 017

〈女〉としての天皇

二〇二一年二月二三日 第一刷発行

著者 大澤真幸
ゲスト 本郷和人
発行者 小柳学
発行所 株式会社左右社
〒一五〇－〇〇〇二 東京都渋谷区渋谷二－七－六－五〇二
TEL 〇三－三四八六－六五八三 FAX 〇三－三四八六－六五八四
http://www.sayusha.com
装幀 松田行正＋杉本聖士
印刷 中央精版印刷株式会社
 ISBN978-4-86528-015-9